Fruta

Fruta del país, de temporada, exótica, cítricos... cualquiera que sea su clase siempre es saludable. Según las últimas recomendaciones dietéticas y de salud, la fruta debe tomarse varias veces al día. Pero, ¿qué esconde tras de sí la fruta que la hace tan buena? Muy sencillo, aporta una enorme cantidad de sustancias de vital importancia para el organismo. Cuanto más fruta se tome, mejor para la salud. Quien no se limite a hincarle el diente a una manzana, encontrará en este capítulo atrevidas 'composiciones' de postres de fruta y sugerencias prácticas sobre la compra y la preparación de la fruta.

Recetas de fruta

Frutas: dulces y jugosas

La recomendación de los expertos en verdura y fruta es la de tomar cinco piezas al día. Los seguidores de la dieta disociada hace tiempo ya que vienen ciñéndose a tal sugerencia. En efecto, junto a la ensalada y a la verdura la fruta resulta imprescindible.

El misterio de la fruta dulce está bajo su piel. Debido a su elevada proporción de agua, aporta pocas calorías y muchas vitaminas, minerales, sustancias vegetales secundarias, ácidos, pectinas e hidratos de carbono de absorción fácil.

Este contenido es lo que da tanto valor a la fruta. Sobre todo sus múltiples sustancias vegetales secundarias, que cada vez tienen mayor importancia. Se forman en la planta -entre otros- colorantes, aromatizantes y saporizantes, que favorecen nuestra salud. Los carotenoides son colorantes amarillos y rojos y abundan en el albaricoque, el kiwi y el melón. El ácido fenólico dota a la uva de un sabor áspero. Y las cerezas, los arándanos y las frambuesas deben su color a los flavonoides.

Posibilidades combinatorias de la fruta

La fruta recién recolectada es rica en ácidos y, aunque es basificadora o formadora de bases, en la dieta disociada forma parte del grupo de las proteínas. Según las reglas de la dieta disociada, el elevado porcentaje de ácidos de la fruta dificulta la digestión de los alimentos ricos en hidratos de carbono. Así se explica la ambigüedad de la manzana, que recién recolectada forma parte del grupo de las proteínas y una vez reblandecida se integra en el de los hidratos de carbono.

Las bayas, las frutas de hueso y de pepita, la uva y los cítricos forman parte del grupo de las proteínas. Pueden combinarse con carne y con queso. Una ración de fresas, un mango o un trozo de piña fresca supone un excelente remate de una comida abundosa en proteínas.

Los plátanos, los higos, los dátiles, las frutas secas y las manzanas reblandecidas y dulces se clasifican en el grupo de los hidratos de carbono. Se combinan a la perfección con los cereales, el arroz, el mijo, el bulgur, el amaranto y la quinoa. Una comida de hidratos de carbono se puede rematar con higos frescos, un plátano o unas frutas secas.

Se exceptúan los arándanos y las uvas pasas, que, al ser neutros, combinan tanto con los alimentos incluidos en el grupo de las proteínas como en el de los hidratos de carbono.

Especias adecuadas

Jarabe de agave, jarabe de arce, de pera y de manzana, edulcorante líquido, miel, jengibre, cardamomo, coco rallado, menta, pimienta verde, vainilla, melisa, canela en rama y en polvo.

Aspecto, olor y sabor frescos

La mayor parte de la fruta se puede comprar durante todo el año, aunque la mejor es la de temporada. Tanto las frutas de hueso o de pepita como las bayas, los cítricos o la fruta exótica deben tener un aspecto fresco y oler a fresco. La fruta fresca no tiene que estar ni demasiado dura ni demasiado blanda y, a ser posible, no presentará huellas, golpes o maceraciones. Pídale al frutero un trozo para probar. Aunque no resulta habitual, es la única manera de asegurarse de que tiene el sabor que su aspecto promete.

Preparación de la fruta

Algunas frutas basta con lavarlas o con frotarlas tras haberlas humedecido, en tanto que otras habrá que pelarlas, deshuesarlas, despepitarlas, partirlas en rajas o filetearlas.

Deshuesar y despepitar

Las manzanas o las peras enteras se despepitan con el descorazonador. Los melocotones, las nectarinas y los albaricoques se cortan con un cuchillo por el pliegue de sutura hasta el hueso. Se giran las dos mitades en sentido contrario y se retira el hueso. Las cerezas se deshuesan con un utensilio especial. Las uvas se parten a la mitad y se despepitan con la punta del cuchillo.

Pelar

En los melocotones y las nectarinas se efectúa una incisión en forma de cruz. Después se sumergen en agua hirviendo, donde permanecen algún tiempo según sea su grado de maduración. A continuación se retiran del agua, se pelan y se destinan al proceso de elaboración correspondiente.

Cortar en rajas

La manzana o la pera se parten a lo largo en dos mitades y, luego, se cortan en cuartos o en octavos, o, también, retirando siempre el corazón, en rajas finas según la receta.

Filetear cítricos

Se pelan con un cuchillo afilado, que se pasa por las pieles de unión hasta separar los gajos y depositarlos en una fuente para recoger el zumo que vayan soltando.

Cáscaras de frutas para las presentaciones

Los melones, las piñas y los cítricos vaciados son excelentes para presentar toda clase de postres y macedonias. Los más apropiados son los melones. Se parte en zigzag un melón por el centro con un cuchillo afilado, se despepita con una cuchara y se extrae la pulpa con un sacabocados. Debe quedar un margen de unos 2 cm de ancho. Para que no vuelquen, se corta de forma horizontal la parte inferior de los medios melones.

Tomando fruta

Normalmente la fruta se toma sin preparación alguna. Ahora bien, quien lo desee puede variar la forma de hacerlo y desentenderse de esta norma. La fruta fresca admite múltiples preparaciones, desde los zumos recién exprimidos hasta los batidos, los helados y los sorbetes pasando por las macedonias, las sopas frías y las compotas.
La fruta se puede congelar, secar, confitar y preparar en forma de jaleas y mermeladas, formar parte de mueslis y adornar ciertos postres como decoración comestible. Por tanto, para cumplir con la 'obligación' de tomar fruta, no hay que limitarse a mordisquear manzanas. He aquí algunas variantes recientes.

■ Sorbete de melón

Para 2 personas. Reducir a crema 400 g de carne de 1 melón reticulado con 2 cucharadas de zumo de limón y 3 cucharadas de jarabe de agave. Picar un trozo de jengibre (del tamaño de una nuez) y mezclarlo con la crema; pasarla luego a una fuente metálica y mantenerla en el congelador 2 horas, removiendo de vez en cuando. Servir el sorbete en copas de champán, añadir un poco de vino espumoso y adornar con menta.

■ Batidos

Para 2 batidos, reducir a crema 100 g de fruta fresca (por ejemplo fresas, frambuesas, piña, naranja, mango, grosellas, moras) con 2 cucharadas de edulcorante líquido. A continuación, mezclar con 300 g de kéfir muy frío.

Con arándanos el batido es neutro, y con plátano se clasifica en el grupo de los hidratos de carbono.

■ Helado de fruta

Descongelar un poco 300 g de frutas congeladas (fresas, piña, naranja, mango, frambuesas, moras) y reducirlas a crema con 2 cucharadas de jarabe de arce. Batir enérgicamente 50 g de nata e incorporarla revolviendo. Servir de inmediato.

Con arándanos el helado es neutro, y con plátano se integra en el grupo de los hidratos de carbono.

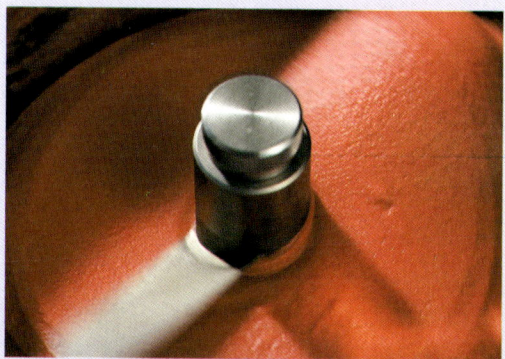

Higos en salsa de miel

Tiempo de preparación: 35 minutos
Tiempo de enfriamiento: unas 2 horas

Para 2 personas (aprox., 85 kcal por ración):
1 cucharada de miel, 6 higos frescos
1 limón

1. Echar en una cacerola 150 ml de agua con la miel y, revolviendo de continuo, poner a hervir.

2. Frotar bien la piel y poner los higos en el agua con la miel. Tapar y cocer 15 minutos a fuego lento, revolviendo de vez en cuando.

3. Lavar el limón, secarlo y rallar 1 cucharada de la corteza. Mezclar la ralladura de limón con los higos y enfriarlos.

4. Servir la compota de higos en cuencos.

Variante:
En caso de ofrecérselo a nuestros invitados, los higos ya enfriados se aromatizan con 2 cucharadas de vodka.

Compota de arándanos

Tiempo de preparación: 15 minutos
Tiempo de enfriamiento: unos 30 minutos

Para 2 personas (aprox., 100 kcal por ración):
4 albaricoques secos
200 g de arándanos, 1 cucharada de miel
1 cucharadita de ralladura de 1 limón
1 cucharadita de fécula, unas hojitas de menta

1. Trocear los albaricoques menudo. Limpiar los arándanos, lavarlos si es preciso y escurrirlos. Ponerlos a hervir con 350 ml de agua, la miel y la ralladura de limón dejando que cuezan 1 minuto.

2. Disolver la fécula en un poco de agua fría, mezclarla bien verterla sobre los arándanos. Mezclar y revolver los trocitos de albaricoque. Enfriar la compota.

3. Servir con hojas de menta.

Compota de manzana

Tiempo de preparación: unos 25 minutos

Para 2 personas (aprox., 125 kcal por ración):
4 manzanas reblandecidas
1 cucharada de edulcorante líquido
1 cucharadita de canela en polvo

1. Pelar las manzanas, partirlas en cuartos y descorazonarlas. Echar los cuartos en una cacerola con 120 ml de agua. Poner a hervir y cocer todo 10 minutos a fuego lento.

2. Aplastar la manzana y batirla con las varillas hasta dejarla una crema esponjosa. Incorporar el edulcorante y la canela en polvo. Servir en 2 cuencos y consumir una vez fría.

Variante:
La mejor compota elaborada con manzanas reblandecidas de almacén es la que está bien fría y conjuga en perfecta armonía con pasta dulce, tortilla de patatas u otros platos ricos en hidratos de carbono.
Por el contrario, la compota de manzanas ácidas se presenta como postre al término de una comida de proteínas.

Ensalada de melocotón

Tiempo de preparación: 15 minutos

Para 2 personas (aprox., 175 kcal por ración):
3 cucharadas de uvas pasas
4 melocotones (o nectarinas)
1 1/2 cucharadas de miel

1. Escaldar las uvas pasas en agua hirviendo y dejarlas 10 minutos en maceración. Lavar los melocotones, partirlos a la mitad, deshuesarlos y trocearlos menudo. Quitar el agua a las uvas pasas.

2. Mezclar y revolver la miel con 1/8 l de agua caliente, agregar las uvas pasas y mezclar todo con los melocotones. Servir la ensalada bien fría.

Variante:
Los melocotones admiten en su lugar nectarinas, albaricoques y ciruelas. Estas frutas, una vez troceadas, se preparan siguiendo las indicaciones de la receta.
A los invitados y a los miembros de la familia que no sigan la dieta disociada, se les sirve la ensalada con una bola de helado de vainilla o de nueces.

Helado de plátano y leche en salsa de arándanos

Tiempo de preparación: 15 minutos
Tiempo de enfriamiento: 3 horas

Para 2 personas (aprox., 165 kcal por ración):
2 plátanos maduros, 150 g de arándanos
2 cucharadas de jarabe de arce
100 g de cuajada fría
2 cucharaditas de pistachos picados

1. Pelar los plátanos, colocarlos sobre un plato y dejarlos 3 horas en el congelador.

2. Limpiar, lavar si procede y secar los arándanos. Reducirlos a crema con 2 cucharadas de agua y 1 cucharada de jarabe de arce; enfriarlos.

3. Retirar los plátanos del congelador y trocearlos. Con la ayuda de la batidora, reducirlos a crema con la cuajada y el jarabe restante.

4. Llenar 2 copas de postre con el helado de plátano y culminar con la crema de arándanos. Servir con el pistacho picado.

Variante:
Junto con el plátano, en lugar de cuajada también se puede hacer la crema con 50 g de nata agria y yogur.

Plátanos con crema de dátiles y mascarpone

Tiempo de preparación: 15 minutos

Para 2 personas (aprox., 625 kcal por ración):
6 dátiles, 1 yema fresca, 2 plátanos
2 cucharadas de miel, 150 g de mascarpone
2 cucharadas de aguardiente de pera (o de zumo de pera)
2 cucharadas de pistachos picados

1. Trocear los dátiles fino. Batir hasta trabar una crema con la yema con la miel y el aguardiente de pera. Incorporar el mascarpone a cucharadas y, revolviendo, mezclar los trozos de dátil.

2. Pelar los plátanos, partirlos en rodajas y repartirlos por un igual entre 2 platos de postre.

3. Extender la crema de mascarpone sobre las rodajas de plátano y esparcir por encima los pistachos picados.

Yogur de pera

Tiempo de elaboración: 20 minutos
Tiempo de refrigeración: 1 hora

Para 2 personas (cada ración: 240 kcal)
2 peras maduras, 1 ramita de canela
1 cs de miel, 300 g de yogur cremoso
3 ct de almendras fileteadas

1. Partir las peras en cuartos, pelarlas y despepitarlas. Colocar los cuartos de pera en una cazuela con 80 ml de agua, la canela y la miel. Hervir todo (tapado) a fuego suave durante 10 minutos.

2. Sacar la ramita de canela y triturar las peras con la batidora. Dejar enfriar este puré y luego agregar el yogur. Dejar la mezcla durante 1 hora en el congelador, removiéndola de vez en cuando.

3. Freír las almendras fileteadas en una sartén pequeña sin aceite. Sacar el yogur y servirlo espolvoreado con las almendras.

Yogur de avellanas y canela

Tiempo de preparación: 15 minutos

Para 2 personas (aprox., 250 kcal por ración):
2 cucharadas de avellanas molidas
3 cucharadas de miel fluida, 6 avellanas
300 g de yogur de nata, canela en polvo

1. Tostar las avellanas molidas en una sartén pequeña sin grasa, dejándolas hasta que desprendan aroma.

2. Mezclar y revolver la miel con el yogur hasta formar una crema. Añadir la avellana tostada y 2 cucharaditas de canela en polvo; mezclarlas revolviendo.

3. Servir en 2 copas de postre el yogur de avellana y canela. Espolvorear una punta de canela en polvo y adornar con las avellanas.

Variante:
Este postre también se confecciona con leche cuajada de nata o con copos de avena. En este último caso, se sirve en el desayuno como muesli o en la merienda con plátano.

Sorbete de yogur y fresas

Tiempo de preparación: 20 minutos
Tiempo de enfriamiento: alrededor de 1 hora

Para 2 personas (aprox., 310 kcal por ración):
300 g de fresas
3 cucharadas de jarabe de arce
125 g de nata, 100 g de yogur

1. Lavar, limpiar y dejar que las fresas escurran sobre un colador. Reservar algunas, cortar en trocitos las restantes y pasarlas a una fuente de metal. Rociarlas con 2 cucharadas de jarabe de arce.

2. Tras dejar macerar primero las fresas durante algún tiempo, llevarlas luego al congelador y dejarlas por espacio de 3 horas removiéndolas de vez en cuando.

3. Con la ayuda de la batidora, reducir las fresas a crema. Batir la nata con energía.

4. Mezclar y revolver el yogur con el jarabe de arce restante. Incorporar a la mezcla la crema de fresas y la nata, por este orden.

5. Servir en vasos altos y adornar el sorbete con las fresas reservadas.

Macedonia con crema de yogur y limón

Tiempo de preparación: 15 minutos

Para 2 personas (aprox., 170 kcal por ración):
2 cucharadas de uvas pasas
250 g de bayas (fresas, frambuesas, o moras)
1/2 melón reticulado, 150 g de yogur
1 cucharada de zumo de limón
2 cucharadas de edulcorante líquido
Unas hojitas de menta

1. Escaldar las uvas pasas en agua hirviendo y dejarlas 10 minutos en maceración.

2. Limpiar las bayas, lavarlas y acondicionarlas en una fuente. Despepitar el melón con una cuchara, partirlo en dados y agregarlo a las bayas.

3. Retirarle el agua a las uvas pasas y mezclarlas con la macedonia de fruta. Servir en 2 platos.

4. Mezclar y revolver el zumo de limón y el edulcorante líquido con el yogur. Verter la mezcla sobre la macedonia y adornar con la menta.

Kiwis marinados

Tiempo de preparación: 15 minutos

Para 2 personas (aprox., 115 kcal por ración):
2 naranjas, 3 kiwis
2 cucharadas de vodka
2 cucharadas de edulcorante líquido
2 cucharadas de coco rallado

1. Pelar una naranja y con un cuchillo bien afilado retirarle a los gajos las pieles de separación.

2. Pelar los kiwis y partirlos en rodajas. Disponer las rodajas de kiwis en 2 platos formando un abanico.

3. Partir a la mitad la segunda naranja y recoger el zumo. Mezclar y revolver el zumo de naranja con el vodka y el edulcorante líquido. Rociar los kiwis con la mezcla.

4. Adornar las rodajas de kiwi con los gajos de naranja y repartir por encima el coco rallado.

Variante:
Para realizar este postre, en lugar de kiwis se pueden cortar unas naranjas en rodajas. Se rocían luego con licor de naranja y se cubren con una capita de pistachos picados.

Macedonia de naranja y uvas con mascarpone

Tiempo de preparación: 15 minutos

Para 2 personas (aprox., 535 kcal por ración):
2 naranjas, 200 g de uvas
unas gotas de vodka (a discreción)
Para la crema:
1 cucharadita de zumo de limón
2 cucharadas de vodka (o de zumo de naranja)
2 cucharadas de jarabe de arce
150 g de mascarpone
3 cucharaditas de pistachos picados
Unas hojitas de menta

1. Pelar y cortar las naranjas en rodajas finas. Repartirlas de forma solapada en 2 platos de postre.

2. Lavar las uvas, partirlas a la mitad, despepitarlas en caso necesario y distribuirlas sobre las rodajas de naranja. Rociar con vodka y enfriar.

3. Mezclar y revolver el zumo de limón con el vodka, el jarabe de arce y el mascarpone. Distribuir la crema de mascarpone sobre la fruta.

4. Esparcir por encima los pistachos y adornar con menta.

Macedonia de mandarinas y uvas con crema de queso

Tiempo de preparación: 15 minutos

Para 2 personas (aprox., 330 kcal por ración):
6 mandarinas, 100 g de uva negra
2 cucharadas de aguardiente de frambuesa (o de jarabe de frambuesa)
125 g de queso fresco (40% de materia grasa)
2 cucharadas de jarabe de arce

1. Pelar la mitad de las mandarinas, separarlas por gajos y reservar cuatro de ellos para adornar. Trocear los restantes.

2. Lavar las uvas, quitarles los rabillos y reservar 4. Partir a la otra mitad y despepitarlas.

3. Mezclar en una fuente los trozos de mandarina y las medias uvas, verter sobre la mezcla el aguardiente de frambuesa y dejarla que macere 5 minutos.

4. Exprimir las mandarinas restantes. Mezclar y revolver el queso fresco con el zumo de mandarina y el jarabe de arce.

5. Servir la macedonia en 2 platos de postre y repartir por encima el queso fresco. Adornar con el resto de mandarinas y uvas.

Mi sugerencia

Macedonia: variaciones
Es fundamental aprovechar los productos de temporada y realizar combinaciones naturales de todo tipo: por ejemplo, en otoño uva negra y blanca con ciruelas y nueces picadas; en invierno resulta excelente acompañar unos gajos de naranja con pomelo y pistacho picado. La crema de queso fresco va muy bien con ambas macedonias.

Piña al coco frita con nata al ron

Tiempo de preparación: 15 minutos

Para 2 personas (aprox., 215 kcal por ración):
2 rodajas de piña fresca
2 cucharadas de coco rallado, 50 g de nata
1 cucharada de ron blanco (a discreción)
1 cucharada de jarabe de arce
1 cucharada de mantequilla

1. Pelar las rodajas de piña, eliminarles los ojos pardos y recortarles el troncho central.

2. Extender sobre un plato el coco rallado y rebozar la piña.

3. Batir la nata con energía y mezclarla al gusto con ron y jarabe de arce.

4. Calentar la mantequilla en una sartén antiadherente y, a fuego lento, freír las rodajas de piña 3-4 minutos por cada lado.

5. Servir la piña con la nata como adorno.

Variante:
Para elaborar los plátanos con miel, se pelan 2 plátanos y a continuación se parten a lo largo en dos mitades. Se calienta luego en una sartén 1 cucharada de mantequilla y 1 cucharada de miel, se fríen los medios plátanos 2 minutos a fuego medio y se sirven en los platos. Si es de nuestro agrado, se espolvorean de coco rallado. El plátano con miel es un postre del grupo de los hidratos de carbono, muy apropiado como remate dulce de una comida de hidratos de carbono.
Si se han realizado para agasajar a algún invitado, los plátanos se sirven acompañados en el plato de una bola de helado de chocolate o de coco.

Queso de cabra con fruta

Tiempo de preparación: 15 minutos

Para 2 personas (aprox., 515 kcal por ración):
100 g de uva negra, 1 pera
1 cucharada de zumo de limón, 12 litchis
150 g de queso de cabra semiduro

1. Lavar las uvas, quitarles los rabillos, partirlas a la mitad y despepitarlas.

2. Lavar la pera, partirla en cuartos, descorazonarla y trocearla en forma de daditos. Rociarla de inmediato con zumo de limón.

3. Pelar y deshuesar los litchis.

4. Servir el queso en 2 platos, decorado con la fruta. Si se prefiere más picante, espolvorear la macedonia con pimienta recién molida.

Variante:
Si su destino es hacer los honores a gente invitada, la macedonia puede incluir también trozos de manzana o de otra fruta de temporada. Como remate, se adorna con 1/2 cucharadita de jengibre muy picado y 2 cucharadas de nueces picadas. Y en vez de queso de cabra, se desmenuza por encima un queso azul más consistente.

1 Queso de cabra con fruta

2 Piña al coco frita con nata al ron

3 Macedonia de mandarinas y uvas con crema de queso

Glosario

Bistec tártaro

Los frecuentes escándalos alimentarios han puesto bajo sospecha esta carne cruda de vaca. No obstante, quien guste consumirla y confíe en su carnicero podrá tomarla de vez en cuando. En efecto, además de enzimas la carne cruda aporta vitamina D y forma parte del grupo neutro. Lo mismo cabe decir del carpaccio de vaca. Esta especialidad italiana consiste en lonchas muy finas de filete crudo de vaca, que se rocían con aceite de oliva y se acompañan con virutas de parmesano.

Chocolate

Este producto, que eleva en el organismo el nivel de serotonina u hormona del bienestar, contiene mucho azúcar, cacao y materias grasas. Si no es posible prescindir del chocolate, se puede recurrir a una variedad en la que la proporción de cacao sea de 60-70% y que se tomará en pequeñas cantidades.

Formadores de ácidos, acidificadores

Las proteínas y los hidratos de carbono favorecen la formación de ácidos en el organismo. También las contrariedades y el estrés elevan su nivel. De ahí la necesidad de tomar sustancias que potencien la formación de bases, es decir, fruta y verdura, que neutralicen la acción de los ácidos.

Formadores de bases, basidificadores

Las bases son minerales alcalinos. Los más importantes son: el potasio, calcio, sodio y magnesio. Tienen la capacidad de neutralizar el exceso de ácidos en el organismo y abundan en las hojas y raíces de las verduras, en la fruta, los brotes, los gérmenes y las semillas. Cuando faltan las bases, el organismo recurre a las reservas de los huesos y tejidos.

Grasas

La dieta disociada tiene como uno de sus principales objetivos evitar las grasas endurecidas. El aporte que procura en ácidos grasos eleva de forma considerable el nivel de colesterol. Examínese la lista de los ingredientes, pues hay grasas endurecidas en muchos productos preparados, helados, chocolates y golosinas. La dieta disociada recomienda, aunque en pequeñas cantidades, la mantequilla, la grasa de coco no endurecida u otros tipos de grasa vegetal no endurecida ofertadas en establecimientos especializados.

Jarabe de agave

Este edulcorante se prepara con el agave azul. Es un buen sucedáneo del azúcar, pues endulza más y resulta bastante económico. El organismo asimila con facilidad este jarabe, químicamente un monosacárido, que convierte de inmediato en energía cerebral y muscular. Como otros edulcorantes alternativos, forma parte del grupo de los hidratos de carbono.

Leche

El índice de materia grasa no desvela ninguna función especial; la leche forma parte del grupo de las proteínas y no puede combinarse con hidratos de carbono. Se coagula en el medio ácido del estómago, dando lugar a la formación de grumos de queso que incrementan su ya de por sí difícil digestión. Los alérgicos a la leche de vaca pueden tomar leche de soja o de cabra: la primera es rica en proteínas y contiene muchos aminoácidos esenciales, aunque menos calcio que la de vaca; la segunda aporta, al contrario, menos proteínas y materia grasa que la de vaca, pero más oligoelementos y sustancias minerales. En cualquier caso, la de cabra no es apta para los niños menores de 12 meses.

Productos lácteos acidificados

Aunque son ricos en proteínas, forman parte del grupo neutro. Cuentan con especial aceptación el suero, el kéfir, el yogur y el queso fresco o requesón. Para su elaboración se incorpora a la leche bacterias de ácido láctico, de digestión difícil, que la alteran y hacen mucho más digerible.

Sidra

Es una bebida alcohólica refrescante que se elabora con manzanas y se incluye en el grupo de las proteínas. Hay sidra de dos sabores: la seca, que es ligeramente amarga y tiene un 4% de alcohol; y la dulce, más agradable y con un aporte del 2% de alcohol.

Sucedáneos de la leche

En lugar de leche, para preparar purés de patatas, gratinados, flanes, crepés o mueslis se emplea una mezcla de tipo neutro compuesta por una parte de nata y dos de agua. También es posible mezclar crema de soja y agua en la misma proporción, que resulta un eficaz sucedáneo neutro de la leche.

Yogur de fruta

El yogur con azúcar y fruta resulta difícil de encajar en la dieta disociada, pues aunque la fruta no tiene proteínas, su digestión necesita un medio ácido, en tanto que el azúcar lo requiere alcalino. Motivos éstos que pueden plantear problemas de digestión. Una buena alternativa es el yogur con arándanos (grupo neutro) y el de frutas (grupo de los hidratos de carbono) o el plátano y las frutas secas; para endulzar se usa miel o jarabe de arce.

Índice

Índice

El fotógrafo: Michael Brauner
Tras acabar sus formación en la escuela de fotografía en Berlín, trabajó como asistente de prestigiosos fotógrafos en Francia y Alemania, y en 1984 se estableció como fotógrafo independiente. En su estudio de Karlsruhe (Alemania) ha realizado numerosas fotografías de recetas para diversas editoriales.

Para ponerse en contacto con la autora, Ursula Summ:
Diariamente, Ursula Summ recibe numerosas cartas y llamadas (nacionales e internacionales) en las que le consultan dudas sobre las dietas para bajar de peso y le solicitan su colaboración para elaborar planes alimenticios. Además, Ursula Summ da continuamente conferencias sobre el tema de la dieta disociada.
Si usted no puede asistir a los seminarios de la Sra. Summ, en su lugar puede realizar cursos a distancia en los que aprenderá a conocer mejor su cuerpo, su cabeza y su estómago, para así reducir su sobrepeso.

Otros datos y material informativo gratuito lo encontrará en:
Trennkost (dieta disociada) Club:
Ursula Summ
Buzón nº 356
C/Patricio Ferrandiz, 40
E-03700 Denia (Alicante) España

Teléfono: 0034/96/6421120
Telefax: 0034/96/5784715
Página web: www.trennkost.de
Correo electrónico:
trennkost.summ@teleline.es

Jefe de redacción:
Birgit Rademacker
Redacción:
Nina Pohlmann
Revisión:
Maryna Zimdars (diplomada en Ecotrofología)
Realización y diseño:
independent medien-design
Producción:
Petra Roth
Fotografía de cubierta:
Michael Brauner
Fotografías de la autora:
Gaby Gester
Fotografías de las recetas:
Michael Brauner, excepto: Dirk Albrecht: página 146; Eising: pág. 92 (superior izq.); Gaby Gerster: pág. 4; GU: págs. 9 (Tom Roch), 10 (Manfred Jahreiss), 14 (Studio Schmitz); Kai Mewes: págs. 18 y 131; Jörn Rynio: págs. 8, 94, 95, 111 (tercera fotografía), 128 (superior izq.); Reiner Schmitz: pág. 66 (superior izq., inferior drcha.); Stockfood/Eising: págs. 22 (inferior drcha.), 36 (inferior drcha.), 52 (inferior drcha.), 108 (inferior izq.), 144 (inferior drcha.); Stockfood/Studio Adna: pág. 52 (superior izq.); Teubner: pág. 39, 55, 69, 95, 179, 111 (primera y segunda fotografía).

SEGUNDA EDICIÓN

Título original
Mein neues trennkost Kochbuch
Traducción
Ambrosio Berasaín Villanueva

© Gräfe und Unzer Verlag GmbH, München y
EDITORIAL EVEREST, S. A.
Carretera León-La Coruña, km 5 LEÓN
ISBN: 84-241-8830-6
Depósito Legal: LE: 269-2006
Printed in Spain -
Impreso en España

EDITORIAL EVERGRÁFICAS, S. L.
Carretera León-La Coruña, km 5 LEÓN (ESPAÑA)

www.everest.es
Servicio de Atención al Cliente:
902 123 400

Ursula Summ

dieta
disociada
200 recetas

EVEREST

Amigo lector:

"No comer menos, sino de otra manera": este es el principio de la 'dieta disociada' que he desarrollado en diversas publicaciones. Una comida sana no significa tener que renunciar a lo que más gusta. Lo que convence a los escépticos al preparar una dieta disociada es la posibilidad de degustar platos sabrosos y disfrutar, en compañía de la familia o con los amigos, sin que se resientan ni la salud ni nuestra silueta.

Ahora bien, mis largos años de experiencia con la dieta disociada, los conocimientos adquiridos en diversos seminarios y las preguntas de muchos lectores me han llevado a enfocar determinados aspectos de la misma desde otro punto de vista y a introducir ciertos cambios en la misma.

¿En qué consiste la nueva dieta disociada de Summ?
Mi dieta disociada siempre se ha basado en una alimentación sana con mucha verdura fresca y ensaladas. Quien la haya adoptado se habrá sentido recompensado con una buena salud y un tipo ideal. Pero mi deseo es que el lector se sienta rotundamente bien y en plena forma. De ahí que mis nuevas y suculentas recetas contengan menos grasa. La parte de este libro dedicada a recetas incluye páginas relacionadas con un buen estado físico y el bienestar, así como un epígrafe especial titulado "Práctica de la dieta disociada".

Serán objeto de una atención especial determinados ingredientes no permitidos en un principio en la dieta disociada. Por centrarse fundamentalmente en la curación de enfermos, el Dr. Hay no contaba, por ejemplo, con el vinagre, la pimienta o el rábano rusticano o picante, que una persona sana que se propone adelgazar incluye normalmente en su dieta. Aportación destacada de este libro es la que mis seguidores llevan pidiéndome desde hace algún tiempo: una ordenación de los capítulos teniendo en cuenta los alimentos preferidos. El lector encontrará nueve capítulos con los alimentos de mayor aceptación. De este modo dispondrá de una alimentación variada, disfrutará cocinando y terminará adelgazando.

Cordialmente,

Ursula Summ

Índice

Colores de grupos de dieta

■ = **Grupo de proteínas**

■ = **Grupo de hidratos de carbono**

■ = **Grupo neutro**

Símbolos prácticos

🥕 = **vegetariano**　　👑 = **para invitados**

🛍 = **para llevar**　　🕐 = **rápido**

🥄 = **fácil de preparar**　　💰 = **económico**

Así llegué a la dieta disociada

He comprobado en mi propio cuerpo los efectos de la simple adaptación de la alimentación a la dieta disociada. Al principio, los objetivos de disociación dan la impresión de ser un tanto rígidos y complicados, pero créanme: merece la pena realizarlos.

Cuando desconocía absolutamente la relación existente entre salud y alimentación, me despreocupaba por completo de la compatibilidad y digestibilidad de los alimentos, así como de la forma adecuada de prepararlos. Como consecuencia no sólo engordé muchísimo, sino que desarrollé toda una serie de enfermedades. Al principio no las relacioné con mi alimentación, y pensaba que las mismas tenían un origen genético. Ahora sé que esta es la explicación más sencilla a mis dolencias y, al mismo tiempo, la consecuencia de obviar mis responsabilidades.

En mi caso el descubrimiento de la dieta disociada del Dr. Hay fue casual. Con esta nueva forma de alimentación no sólo encaucé mi sobrepeso hacia la normalidad, sino que comprobé personalmente cómo poco a poco se curaban por completo mis enfermedades. Me llamó la atención la facilidad con que conseguí semejantes resultados. Y la forma de alimentación llegó a divertirme, a mí que soy una cocinera apasionada. A partir de esta experiencia, hice de la dieta disociada mi medicina naturista. Hoy sé la enorme importancia que una alimentación equilibrada y sana tiene para el cuerpo.

Transmisión de experiencias

La dieta disociada es una forma de alimentación con la que a la larga te acostumbras a vivir. Existe la posibilidad de preparar sabrosos platos, introduciendo constantemente nuevas variantes. Desde lo más genuino de la cocina regional hasta los platos más típicos de los países exóticos, se pueden preparar toda clase de recetas adaptadas a las exigencias de la dieta disociada en su forma original o con ligeras modificaciones.

En lo que sí quiero insistir es en que el lector que descubra los efectos de la dieta disociada no sea demasiado exigente consigo mismo. Me han preguntado muchas veces si mi alimentación se atiene estrictamente a las reglas de la dieta disociada. Naturalmente que no. Hay ciertos platos que no tienen cabida en la misma, pero a los que de ninguna manera renunciaré. Cada uno conoce sus debilidades, y, afortunadamente, también sus virtudes. Me gusta la fruta fresca y las apetitosas ensaladas, pero también los platos de pasta, la pizza de elaboración casera y, de vez en cuando, los helados. Se trata de combinar, en sabio equilibrio, la dieta sana con el placer evitando las exageraciones. Se trata de considerar a la dieta disociada como una pauta que a la larga garantiza una mayor calidad de vida.

La dieta disociada del Dr. Howard Hay no es una dieta en el sentido estricto, sino una forma sana de alimentación muy rica y variada. Su característica singular consiste en la combinación armónica y saludable de los alimentos.

Por lo que se sabe de las vitaminas y de los minerales en general, existe la posibilidad de inhibir o reforzar los efectos de determinadas sustancias nutritivas. Así, por ejemplo, el cuerpo reacciona con intolerancia frente a las combinaciones alimentarias inadecuadas, en tanto que los platos bien combinados producen una sensación placentera. La explicación de este hecho es de carácter bioquímico. Lo ingerido se disocia por la acción de diversos jugos digestivos y se descompone en diferentes materiales, para quedar después a disposición del organismo.

Por ejemplo, para ser digerido un trozo de carne se precisa un jugo digestivo totalmente distinto al necesario en el caso de digerir una patata. Para disociarse alimentos como la carne, el pescado, el queso, los huevos y diversas frutas requieren jugos digestivos ácidos; mientras que la patata, el arroz, la pasta y el pan se disocian con los jugos digestivos alcalinos.

Sobre esta base se asientan los principios de la dieta disociada del Dr. Hay. Pensando en la salud, distinguió entre alimentos predominantemente ricos en proteínas y alimentos caracterizados por su riqueza en hidratos de carbono. Además, clasificó todos los alimentos entre productores de bases y de ácidos. Al mismo tiempo, se alimentaba de la forma más natural e integral posible.

Digestión por etapas

Por su infinita perfección, el cuerpo humano roza el milagro. Y como tal se considera el proceso digestivo, que representa para el organismo un trabajo muy duro.

La digestión se desarrolla en varias etapas, la primera de las cuales se inicia en la boca. Los alimentos se desmenuzan mediante la masticación prolongada, y al mismo tiempo la saliva hace posible su deglución. Viene después la disociación química, provocada por los jugos gástricos y las enzimas. La saliva contiene la enzima digestiva de la amilasa, proteína que cataliza la predigestión de los hidratos de carbono presentes en cereales, pan, pasta, patata y arroz. De ahí que los expertos en nutrición insistan en la necesidad de masticar

bien. Así, por ejemplo, masticando de forma repetida un trozo de pan se percibe un sabor que tira a dulzón. Durante la predigestión la amilasa transforma el almidón del pan -que presenta un sabor neutro-, en dextrina, de sabor dulce.

En la etapa siguiente, ya en el estómago, predomina un medio ácido. Durante su desarrollo no concurren enzimas para la digestión de los hidratos de carbono, mientras que, por efecto del ácido clorhídrico y de la pepsina, las proteínas de la carne, el pescado, la leche, los productos lácteos, el queso y los huevos se descomponen en sustancias de menor tamaño: los péptidos. Tras la absorción del almidón, el estómago activa la producción de ácido clorhídrico y de pepsina, que inhiben el efecto de la amilasa de la saliva, por lo que se bloquea la predigestión de los hidratos de carbono. Al contrario, las comidas ricas en hidratos de carbono producen muy pocos ácidos en el estómago, persiste la acción de la amilasa y dichos hidratos son objeto de una predigestión mejor.

La función del páncreas

En la etapa siguiente, la digestión tiene como principales protagonistas el páncreas y el intestino delgado. En algún lugar del páncreas se producen la insulina, hormona espesante, y el glucagón, hormona adelgazante. Ambas pasan a la sangre, en caso de necesidad, para regular el nivel de azúcar. En otra parte distinta se forman diversas enzimas digestivas, como la tripsina y la quimiotripsina (enzimas disociadoras de las proteínas), la amilasa (enzima disociadora de los hidratos de carbono) y la lipasa (enzima disociadora de las grasas), que pasan al intestino delgado, donde terminan descomponiendo por completo las sustancias nutritivas disociadas en la boca y en el estómago.

Para el desarrollo sin contratiempos de los complejos y diversos procesos digestivos, el páncreas no debe someterse a exigencias abusivas. Por ejemplo, el hecho de consumir alimentos en combinaciones casi siempre desfavorables, o el de ingerirlos en grandes cantidades, provoca la fatiga del páncreas, en cuyo caso el proceso digestivo se ralentiza y los componentes alimenticios son digeridos a medias y permanecen demasiado tiempo en el intestino.

De los depósitos de sustancias nutritivas al hígado

La superficie de la mucosa del intestino delgado está cubierta por millones de minúsculas papilas. En esta etapa los componentes nutricionales descompuestos pasan al hígado a través de la sangre, al igual que las vitaminas, las sustancias minerales, los oligoelementos y las enzimas. El hígado reconstruye o desdobla y aprovecha todas las sustancias que hasta él acceden. Lo mismo cabe decir de los elementos de putrefacción y de fermentación que le llegan. Estas sustancias se purifican en el hígado, para luego quedar parcialmente almacenadas o pasar a la sangre, que tiene como misión distribuirlas por todo el organismo. En este momento se cierra el ciclo, y, los alimentos inadecuadamente combinados, aparte de lastrar el sistema digestivo, provocan el mismo efecto en el hígado y en todo el cuerpo. No es extraño, por tanto, que éste termine rebelándose.

Equilibrio entre ácidos y bases

¿Por qué mejora el estado de salud con la dieta disociada? El equilibrio entre ácidos y bases es fundamental y, además de la nutrición, tiene un protagonismo destacado la vida sana.

Aparte de la regulación desarrollada por la sangre, los pulmones y los riñones, la alimentación desempeña el papel más importante en la economía de ácidos y bases. Una alimentación rica en vitaminas, sustancias minerales y enzimas estimula el metabolismo e influye de modo favorable en los valores sanguíneos. Los alimentos que se ingieren a diario posibilitan la formación de ácidos o de bases, todo depende de que al final del proceso digestivo aparezcan sustancias ácidas o alcalinas. Los minerales y los oligoelementos ofrecen un producto final alcalino, en tanto que las proteínas y los hidratos de carbono favorecen la formación de ácidos. Las proteínas de origen animal producen más ácido clorhídrico que las de origen vegetal, de ahí que tanto la fruta como la verdura sean los mejores formadores de bases.

Sin una alimentación sana, sin armonía en la vida cotidiana y sin un nivel aceptable de actividad o movimiento no funciona nada, pues el equilibrio entre bases y ácidos implica la armonía entre cuerpo y mente.

Los ácidos

Para realizar determinadas funciones, el cuerpo necesita reservas de ácidos. Así, por ejemplo, sin la presencia de ácido clorhídrico en el estómago no hay digestión. En los casos de exceso de trabajo, los ácidos originan una sensación de cansancio que provoca la autorregulación. Además los ácidos dilatan los vasos sanguíneos, de forma que los músculos tienen una mejor irrigación y se elimina antes el ácido láctico que haya podido formarse.

El Dr. Howard Hay conocía perfectamente la relación entre hiperacidez y enfermedad. Sabía que el consumo excesivo de carne provoca la formación de muchísimos ácidos. Además de la carne, incluía como formadores de ácidos alimentos tales como el pescado, los huevos, el queso y ciertos productos ricos en hidratos de carbono, como el azúcar, el arroz y los cereales descascarillados.

Si tras la digestión de estos alimentos en el organismo predominan los ácidos, la salud se resiente poco a poco. El equilibrio interior entre ácidos y bases se rompe sin anuncio previo, favoreciendo la aparición de enfermedades tales como la gota, el reúma, la hernia discal, las nefropatías, la esclero-

¿Cómo se llega a la hiperacidez?

El equilibrio se rompe fácil

El cuerpo humano tiene un aporte diario variable de ácidos y bases, aunque en el organismo sano predomina el medio alcalino. El consumo de alimentos formadores de ácidos y una forma de vida no armónica, que activa la producción de ácidos, desequilibra el medio alcalino hacia el lado ácido. Todos los ácidos deben neutralizarse con bases. Tras la ingestión de carne se incrementan los niveles de los ácidos úrico, sulfúrico y nítrico. La desintegración de dulces, pasteles y grasas de calidad inferior libera ácido acético. El café y el té negro producen ácido clorhídrico y ácido tánico. El vino da lugar a la formación de ácidos tartárico y sulfúrico; las bebidas con cola generan ácido fosfórico; y, por último, las aguas carbonatadas, ácido carbónico. En situaciones de discusión, estrés, contrariedad y angustia se forma en el organismo ácido clorhídrico y el nivel de adrenalina asciende. Cuando se practica deporte o se realizan esfuerzos físicos se activa la producción de ácido láctico. El organismo reacciona con acidez a la falta de vitaminas y de sustancias minerales, así como a las enfermedades. Los ácidos producidos inundan el tejido conjuntivo, los músculos, las articulaciones y los órganos.

sis arterial, el infarto, el ataque de apoplejía y hasta el cáncer. Entre los primeros síntomas de hiperacidez figuran, entre otros, el cansancio, la somnolencia y los dolores musculares y articulares.

Las bases

Desde el punto de vista químico, las bases son las sustancias que se oponen a las ácidas. Según el Dr. Hay, la verdura, las ensaladas, los gérmenes, la fruta y la patata pertenecen a la categoría de los formadores de bases. Contienen elementos vitales básicos, es decir, sustancias minerales, vitaminas, oligoelementos y enzimas.

Cuando las bases y los ácidos se encuentran, el organismo se esfuerza por neutralizar, fijar y segregar los ácidos agresivos. Para evitar la hiperacidez, recurre a diversos sistemas de amortiguación. Entre ellos se encuentran la hemoglobina (el colorante rojo de la sangre), ciertas proteínas y el sistema bicarbonatado, pero también órganos tales como los riñones, los pulmones, la piel y los intestinos. Depósitos de sustancias minerales están considerados los músculos, tendones, ligamentos, cartílagos y el esqueleto, que en caso de necesidad se vacían para contrarrestar el efecto de los ácidos.

Salud y esbeltez

La 'fórmula del peso ideal', válida y adecuada para todo el mundo, no existe. Y es que cada individuo es diferente. Basta mirarse al espejo para comprobar si realmente se necesita perder peso. Si es así, la cuestión principal radica en evitar las trampas dietéticas y renunciar a las curas radicales y a las dietas relámpago, que, si bien al principio rebajan unos kilos, no evitan la recuperación de los mismos a la primera ocasión que se presente.

Lo mejor es prescindir del régimen de comidas precedente y cambiar los hábitos de vida; sólo así se alcanzará un éxito duradero. ¿Quién no suspira por saciarse y al mismo tiempo adelgazar? Con la dieta disociada se puede conseguir fácilmente y casi de forma automática. Es cuestión de procurarse, cuanto antes, una sensación de bienestar. Así, hay que decidirse por la nueva dieta disociada y abandonar poco a poco los hábitos adquiridos.

El hecho de que la dieta disociada cuente cada vez con más partidarios se explica por la sencilla idea en que se basa. No cuesta nada familiarizarse con sus reglas y prepararse comidas sencillas o menús copiosos, según los gustos, deseos o preferencias personales. En este caso los alimentos no se mezclan entre sí al azar, sino que se combinan de forma armónica y equilibrada. Además, las múltiples posibilidades combinatorias garantizan el suministro satisfactorio de sustancias nutritivas. Tanto los vegetarianos como los aficionados a la carne o al pescado, pueden quedar satisfechos con este tipo de alimentación. No existen prohibiciones rigurosas y, observando estrictamente las reglas de la dieta disociada, ni siquiera es del todo imprescindible tener en cuenta las cantidades de calorías.

Sin combustible, nada funciona

El cuerpo trabaja como si de una pequeña fábrica bien organizada se tratara: cada día necesita combustible para el crecimiento, la renovación celular, los movimientos, el calor corporal, las ideas y los sentimientos.

Excelentes combustibles son las principales sustancias nutritivas: proteínas, lípidos e hidratos de carbono. Para mantener todas sus funciones, el cuerpo precisa un suministro regular, aunque tras la digestión y el metabolismo aparecen productos finales ácidos que normalmente se evacuan. Ahora bien, un exceso de ácidos permanente supone una agresión al organismo, lo que a la larga lesiona los tejidos y origina inflamaciones y úlceras.

El principio de la dieta disociada se limita a establecer que no se ingerirán a la vez alimentos ricos en proteínas y alimentos ricos en hidratos de car-

Glucemia e insulina

Consumiendo productos integrales, muesli, arroz natural, fruta, ensaladas, productos crudos, verduras, frutos secos y semillas el nivel de azúcar en sangre desciende muy lentamente. Por el contrario, el azúcar, los dulces, la harina fina o los copos de cereales provocan un rápido incremento del mismo.

La rapidez con que los hidratos de carbono de una comida pasan a la sangre depende de los efectos glucémicos de un alimento, que se expresan mediante el índice glucémico (GLYX). Cuanto mayor sea éste, antes ascenderá la glucemia y mayor nivel alcanzará, lo que significa que el páncreas segregará más insulina. Esta hormona dirige la glucosa -producto de la desintegración de los hidratos de carbono- hacia las células, donde termina transformándose en grasa. Una gran cantidad de insulina en sangre representa al mismo tiempo un vertiginoso descenso de la glucemia, que a su vez ocasiona un hambre atroz. De ahí que los científicos insistan en mantener bajo el nivel de insulina, lo cual es perfectamente posible con la nueva dieta disociada.

Sustancias vitales en abundancia

Un menú copioso que incluya mucha ensalada, verdura y fruta, además de garantizar un excelente aprovisionamiento de sustancias de lastre, vitaminas, minerales, sustancias vegetales secundarias y enzimas, también procura un sano equilibrio entre ácidos y bases. Como las raciones de alimentos vegetales, es decir, de productos alimentarios productores de bases, son tres y hasta cuatro veces mayores que las de una comida basada en proteínas e hidratos de carbono, es fácil conseguir un equilibrio saludable.

bono. Independientemente de la clasificación en alimentos ricos en proteínas o en hidratos de carbono y neutros, la dieta disociada se fundamenta en una forma de alimentación integral, en el equilibrio entre bases y ácidos y en los mecanismos propios de la digestión.

Sana y vital

La dieta disociada, que incluye una mezcla ideal de sustancias nutritivas basada en proteínas de fácil digestión, hidratos de carbono de bajo índice glucémico, sustancias de lastre, aceites integrales, vitaminas, sustancias minerales, oligoelementos e innumerables sustancias bioactivas, proporciona a la larga una buena forma física, esbeltez, belleza y capacidad de rendimiento. Con su amplio surtido de alimentos ricos en sustancias nutritivas, la dieta disociada no sólo previene contra los trastornos cardíacos y circulatorios, los niveles altos de colesterol, el sobrepreso y la hiperacidez, sino que descongestiona el estómago y el intestino, desintoxica y sana.

Quemadores de grasas para mantener la silueta

Las grandes raciones de fruta, ensalada, verdura y crudités recogidas en la dieta disociada, proporcionan al organismo quemadores de grasas que activan el metabolismo de los lípidos y provocan la pérdida de kilos. Entre los quemadores de grasas ideales están, entre otros, la vitamina C, el magnesio y los hidratos de carbono de índice glucémico bajo. Elementos éstos que atacan las células grasas y reducen de forma natural el contenido graso del organismo y la masa corporal. Además, favorecen la eliminación del exceso de agua.

Independientemente de la adopción de una dieta alimentaria sana, también el movimiento favorece la conservación y mantenimiento de una buena figura. Tras las primeras pruebas, la actividad deportiva -además de divertir- incrementa la capacidad de producción, fomenta el bienestar y asegura la salud.

Cuando las cosas no marchan, hay que moverse

Es cuestión de ir poco a poco, pero hay que atreverse a dar el primer paso, por ejemplo, practicando bicicleta estática frente al televisor. También ayuda salir de casa y pasear con regularidad.

¿Por qué es tan saludable el 'cardioentrenamiento'? Cuando la sangre, el oxígeno y los impulsos nerviosos tienen su actividad a través de todo el organismo, la energía fluye. Por su propia naturaleza, el humano no es un ser sedentario. Está hecho para moverse: los músculos, el aparato óseo, los órganos internos o el metabolismo tienen como función el movimiento.

De ahí que el 'cardioentrenamiento' ejercite el sistema cardiovascular, relaje y contribuya a regular el peso, así como refuerce el bienestar físico y conciencie a la persona como tal al sentir su propio cuerpo. El movimiento al aire libre es mejor que cualquier somnífero y acentúa la libido.

Ejercitándose con regularidad, el individuo conserva durante largo tiempo su atractivo y juventud.

La vida cotidiana ofrece muchas posibilidades para estar físicamente activo, desde quitar el polvo a fondo hasta realizar ejercicios de gimnasia suaves. Inicialmente se trata de corregir pequeñas cosas como, por ejemplo, mantenerse erguido durante el día, pues, ya sea caminando o estando sentado, adoptar esta postura acentúa la consciencia de sí mismo y procura un porte más esbelto.

Simplemente comenzar

Hay que llenar de *fitness* la vida cotidiana. La mayoría de los practicantes de este deporte abandona por querer conseguir demasiado en poco tiempo. En cualquier caso, el primer objetivo consiste en que el cuerpo siga su tendencia natural al movimiento y, con el paso del tiempo, se encuentre cada vez en mejor forma física. En este momento aún resulta impensable mantener el ritmo de sudar una vez por semana en el *thai-bo*, aunque se considere perfectamente normal el tener que pujar todos los días con un enorme cesto de ropa al realizar la co-

lada. Se trata pues de ampliar las actividades deportivas 'naturales' a las tareas cotidianas, como, por ejemplo, quitar el polvo con la misma energía que si la suegra se presentase en casa, ir al videoclub a pie en vez de en coche o bailar por la habitación nuestra canción preferida en vez de limitarse a tararearla... El cuerpo acabará adaptándose y disfrutando de los ejercicios de claqué o de *thaibo*, aprovechando la ocasión para desfogarse.

Empezar a disfrutar

Lo indudable es que se necesita cierta automotivación para abandonar los viejos hábitos. De todos modos, bastan un poco de buena voluntad y un suave impulso. En cuanto se empiece a encontrar a gusto y se advierta que el organismo manifiesta un discreto 'agradecimiento', hay que ampliar el programa de actividades y de *fitness*. Es el momento de informarse de las ofertas que nos brinda el mercado. Las posibilidades y oportunidades existentes son increíbles, hasta el punto de que resulta difícil elegir. La variedad de clubes, centros de *fitness* y de salud, universidades populares e instituciones de todo tipo es muy amplia y abarca un gran número de actividades que van desde la natación, la danza o el montar en bicicleta, hasta los estiramientos, el *aerobic*, el *bodyforming*, el yoga, el *qigong* o el *tai-chi* pasando por caminar o correr. El moverse solo, en pareja o por grupos depende de los propios gustos; lo importante es practicar una modalidad deportiva divertida y adecuada a la edad y a las aptitudes físicas.

Una tarde relajada distinta: volver a casa tras una jornada agotadora y disfrutar de una velada placentera del tipo *couch-potato* ("haragán de sofá").

El concepto de bienestar no implica necesariamente entregarse a cuidados intensivos de belleza. Basta cantar con los 'Beatles' la canción *Let it be* para reconocer que se está grogui para la práctica de cualquier ejercicio. Se trata entonces de pedir comprensión a la familia, de dedicarse un tiempo y de recargar las baterías. Es una tarde al margen de los gritos de los niños, para desentenderse de la lavadora y, desde luego, para olvidarse de cocinar. Es cuestión de enviar a la familia al cine o al hipermercado, de instalarse cómodamente y ver un vídeo (las series favoritas de televisión o los dibujos animados del tipo *La Bella y la bestia* son excelentes soluciones). Y, así, envolverse en una manta suave y cálida.

Acompañarse con la bebida relajante ideal: Mezclar bien **1 plátano** con **1 cucharada de miel**, **1 punta de cardamomo** y **300 ml de suero**. Espolvorear de canela y tomar.

Relajar también la cara

El mordisquear y masticar haciendo ruido contribuye al relajamiento de los músculos de la mandíbula y de la cara, que sufren constantemente las tensiones ocasionadas por el estrés. Como los chips o patatas fritas -además de inhibir el reflejo de freno del cerebro- son un veneno para el cuerpo, es preferible optar por una de las siguientes alternativas: masticar frente al televisor una zanahoria pelada cruda o prepararse en el microondas una pequeña ración de palomitas de maíz sin grasa.

Aunque se esté cansado, es muy importante realizar un ejercicio de yoga específicamente concebido tanto para la vida sedentaria como para rematar

Mi sugerencia

Necesidad del chocolate

Es mejor tomar de una sola vez un trozo de chocolate, que estar pensando constantemente en él (y caer de vez en cuando en la tentación). Para no tener nunca ganas de dulces, son muy eficaces estos trucos:

> chupar fruta congelada;

> batir 2 cucharadas de copos de avena y 2 cucharadas de jarabe de arce con un yogur natural (150 g, 3,5% de materia grasa);

> masticar uvas pasas o frutos secos.

Para que estos trucos resulten, es muy importante masticar bien y comer lentamente y disfrutando.

una tarde de televisión: la postura del 'cocodrilo'. Se comienza tendiéndose sobre una alfombra o una colchoneta (mejor). Se extienden los brazos a ambos lados y se levantan un poco las piernas. Se gira la cabeza a un lado y las piernas (cerradas) al otro. Se mantiene durante algunos segundos una extensión suave. A continuación se gira muy despacio hacia el otro lado, pasando por la posición central. Practíquese el ejercicio suavemente dos veces de cada lado. Hay que experimentar una distensión agradable.

No debe producirse ningún tirón de espalda, pues en tal caso desvela un estiramiento excesivo. Cuando en el trabajo se mantiene una posición inadecuada, o se está demasiado tenso, es fácil advertir que algo tira en la espalda.

Una vez que se ha decidido modificar los hábitos de vida y adoptar la dieta disociada, personalmente recomiendo proceder de una manera adecuada, empezando con un día de preparación y continuando con una semana intensiva para, sólo entonces, iniciar la vida cotidiana en condiciones de poder llevar dicha dieta.

Si se cambia de alimentación por razones de salud, lo mejor será recurrir a la sopa básica, que desintoxica, incrementa los depósitos de bases al máximo, activa el metabolismo, alivia los trastornos digestivos y elimina el ardor y la pesadez de estómago.

Receta de la sopa básica Pelar **3 patatas de tamaño medio** y **1 pepino de ensalada**. Lavar, limpiar y partir en trocitos **3 calabacines de tamaño mediano**. La exactitud del peso carece de importancia. Poner todo en una cacerola, cubrir con agua, sazonar con un poco de **caldo de verduras vegetariano** y **ajo de oso** recién picado (o 1 diente de ajo). Poner a hervir la sopa y dejarla a fuego lento hasta que la verdura ablande.

Comienzo en los casos de sobrepeso

Las siguientes recetas son diuréticas y depurativas, por lo que resultan ideales para iniciar la dieta disociada. De los siguientes ejemplos, hay que elegir la receta básica más apropiada.

Día de preparación

Manera de proceder

› Desayunar una menudencia.
› A partir de las 11 horas, consumir la sopa elegida distribuyéndola en varias tomas a lo largo del día.
› Beber mucho (2-3 litros) para activar la eliminación.
› Para beber lo mejor es el agua mineral (sin gas y pobre en sodio) y las infusiones (de frutas y de hierbas; por ejemplo, de ortigas).
› Este primer día supone una pérdida considerable de peso, lo que anima a las personas con sobrepeso a continuar.

Comer a su debido tiempo

Ritmo adecuado de las comidas

En la práctica se han impuesto como ventajosos, para el buen estado de salud, determinados ritmos de comida. He aquí una tabla orientativa. Existe la posibilidad de adaptar las horas a cada necesidad personal. En cualquier caso, hay que ser tajante y evitar siempre comer tras la cena.

Comida	Hora	Intervalo
Desayuno	**8:00**	**2-3 horas**
Por la mañana	11:00	1,5 horas
Almuerzo	**12:30**	**3-4 horas**
Merienda	16:00	2-3 horas
Cena	**19:00**	**13 horas**

Receta básica de la sopa depurativa Pelar, eventualmente, limpiar y partir en trocitos **3 patatas**, **1 trozo de apio** y **4 zanahorias**. Limpiar, cortar a lo largo, lavar bien y picar **2 puerros**. La exactitud del peso es irrelevante. Cubrir con agua y sazonar con un poco de **caldo de verduras vegetariano y hierbas frescas** (por ejemplo perejil, mejorana, levística), **comino** y **1 diente de ajo**. Poner a cocer la sopa y hervirla a fuego lento hasta que la verdura esté blanda.

Receta básica de la sopa de patata y chucrut Pelar, trocear menudo y echar en una cacerola **4-5 patatas**. Cubrir con abundante agua, sazonar con un poco de **caldo de verduras vegetariano**, poner todo a hervir y cocer durante 10 minutos. Añadir **300 g de chucrut** y dejar cocer hasta que la verdura esté blanda. Reducir la sopa a crema fina.

Día de verdura y ensalada Tomar exclusivamente **verduras de temporada** crudas y/o al vapor y/o en ensalada. La cantidad no importa. Prepararlas **sin grasas ni sal**. Para sazonar, utilizar eventualmente sólo un poco de **caldo de verduras vegetariano**.

Día de fruta Hasta las 15 horas se puede tomar toda la **fruta fresca** que se desee. De las 17 horas en adelante sólo se pueden tomar **2 plátanos** y **4 albaricoques secos**. (Por la tarde o por la noche la fruta ácida plantea problemas de digestión.)

Semana	Día 1	Día 2	Día 3	Día 4	Día 5	Día 6	Día 7
Desayuno	2 rebanadas de pan sueco con mantequilla y lonchas de rabanito	Ensalada de fruta con salsa de yogur y limón (p. 184)	Media piña	Copa de yogur y pepino (p. 51)	Barra de pan con salchichón (p. 127)	Bocadillo de jamón con pepino	Huevos revueltos con tomate (p. 157)
A media mañana	Kiwis aliñados (p. 185)	Bocadillo de uvas pasas con miel de colza	Vaso de suero de mantequilla con perifollo (p. 50)	1 plátano	1 plátano	1/2 melón Galia	Piña de coco frita con nata al ron (p. 186)
Almuerzo	Souffle de huevos y coliflor (p. 151)	Pimientos con coliflor (p. 166)	Albóndigas de carne con pepino (p. 114)	Paella con pimientos (p. 74)	Filetes de lenguado con piña y salsa de curry (p. 138)	Potaje de zanahorias y espelta (p. 71)	Costillas de cordero con ratatouille (p. 116)
Merienda	Queso de cabra con fruta (p. 187)	Compota de manzana (p. 181)	Yogur de canela y avellanas (p. 183)	Yogur helado de pera (p. 183)	Sorbete de yogur y fresas (p. 184)	Ensalada de uvas y mandarina con crema de queso fresco (p. 186)	Helado de leche cuajada y plátano con crema de arándanos (p. 182)
Cena	Puré con chucrut (p. 64)	Sopa de verdura (p. 48) con sándwich de jamón y queso (p. 174)	Tallarines con salsa de almendras (p. 97) e hinojo crudo (p. 33)	Gratinado de puerros y zanahoria (p. 165)	Patatas y manzanas a las hierbas aromáticas (p. 56)	Tosta de pan integral con queso fresco al salmón y ensalada de rábanos (p. 29)	Pizza de cebolla con queso de cabra (p. 90)

La semana de dieta intensiva representa un buen comienzo. En las páginas siguientes se describe un día de dieta disociada clásico.

La semana intensiva (véase tabla) facilita la adaptación del organismo a la dieta disociada. Este plan semanal facilita la organización de una semana típica de dieta con recetas de este mismo libro.

Un día de dieta disociada

¿Cómo vivir con la dieta disociada? El siguiente plan de horas y de cantidades esboza el desarrollo de un día normal.

Desayuno a las 8 horas: Antes de desayunar, beber 1 vaso (unos 200 ml) de agua mineral (sin gas y pobre en sodio). A continuación: un desayuno de hidratos de carbono, proteínas o fruta.

■ **Ejemplo de desayuno de hidratos de carbono**
1 rebanada de pan integral (50 g), 1 panecillo de pan integral o 3 rebanadas de pan sueco; untar éstas con una capa fina de **mantequilla o margarina** y extender por encima **30 g de embutido** (unas 3 rodajas finas) o **30 g de queso** con un 60% de materia grasa (aproximadamente 1 loncha) o **50 g de queso fresco** (unas 2 cucharadas) o **2 cucharaditas de miel**. Otra posibilidad: **muesli o papilla de cereales**.

■ **Ejemplo de desayuno de proteínas**
2 huevos (estrellados, revueltos, duros o al pla-

to), **tomate, pepino, pimiento, rabanitos** u otra verdura neutra pero sin pan.

■ **Desayuno de fruta**
Fruta fresca de temporada (excepto plátanos, higos y dátiles) en la cantidad que se desee.
Durante la mañana Tómense productos que predominantemente formen bases, es decir, toda la fruta madura o todas las crudités que el cuerpo pida. De no tolerarse grandes cantidades de fruta o de verduras crudas, se puede tomar yogur natural o beber un vaso de suero de mantequilla.

Un buen comienzo

Desayuno de dieta disociada

Hasta las 12 horas se puede tomar toda la cantidad de fruta fresca que se desee. Para preparar un muesli se mezclan copos de avena con yogur, suero de mantequilla, kéfir, leche agria o nata diluida con agua. Se puede enriquecer el muesli con uvas pasas, frutos secos, miel, plátano o con manzana reblandecida rallada.
La mermelada no es recomendable, pues contiene fruta (proteínas) y azúcar (hidratos de carbono); son preferibles la miel o el jarabe de manzana. Quien no renuncie al café o al té negro deberá utilizar un poco de nata; eventualmente, también miel. A las 9 y a las 10 horas, se toma un vaso grande de infusión de fruta o de hierbas, o de agua mineral sin gas.

Almuerzo a las 12 horas Antes de comer se toma un vaso grande de infusión de fruta o de hierbas, o de agua mineral sin gas. Se puede elegir entre un almuerzo de proteínas o un almuerzo de hidratos de carbono.

- **Ejemplo de almuerzo de proteínas**
  100-150 g de carne o 150-200 g de pescado o 2 huevos o 60 g de queso (hasta 50% de materia grasa) o 80 g de embutido cocido; acompañar con 400 g de verduras y ensaladas neutras aliñadas con vinagre o zumo de limón.
- **Ejemplo de almuerzo de hidratos de carbono**
  50 g de cereales (peso en crudo) o 50 g de arroz natural (peso en crudo) o 50 g de pasta integral (peso en crudo) o 200 g de patatas; acompañar con 400 g de verduras y ensaladas neutras, utilizando para el aliño vinagre de sidra.

Merienda Tras el almuerzo, el estómago debe disfrutar de una pausa de ingestión de alimentos de 3-4 horas. Entre tanto se deben tomar **infusiones de hierbas, zumos de frutas** o **agua mineral**.
Como por la tarde el nivel de glucemia desciende, los hidratos de carbono son imprescindibles. **Un plátano maduro, unas tabletas de muesli sin azúcar, fruta seca, frutos secos, copos de avena con kéfir, uvas pasas y miel, 1 trozo de tarta, 2-3 pastas, 1 rebanada de pan sueco con 1 cucharadita de miel, 2 cucharadas de queso fresco con 1 cucharadita de miel, 1 cucharada de copos de avena integral y 1 yogur o 200 g de productos lácteos acidificados** ayudan a salvar el bache. Por la tarde también se puede tomar **fruta ácida**, pero no leche fresca, pues es de digestión difícil.

Cena a partir de las 18:30 El día concluirá con un plato de hidratos de carbono. Debe tomarse algo de fácil digestión, pues una cena copiosa altera el descanso nocturno.

- **Ejemplo de cena de hidratos de carbono**
  50 g de cereales (peso en crudo) o 100 g de pan integral o 50 g de arroz natural (peso en crudo) o 50 g de pasta integral (peso en crudo) o 200 g de patatas; acompañar con 400 g de verdura y ensalada aliñadas con vinagre de sidra. Añadir también 30-50 g de alimentos neutros y pequeñas cantidades de mantequilla, margarina, aceite o nata. A estas horas del día son de fácil digestión los platos de **patata, arroz y pasta** y el **pan**. Si al atardecer no se toleran las ensaladas ni las crudités, la ración de verdura se rehoga ligeramente en un poco de aceite.

Cocina rápida y adecuada a la dieta disociada

¿Con qué posibilidades cuenta quien, decidido a alimentarse de una manera integral, dispone de muy poco tiempo y no quiere recurrir a los productos preparados? No existe una fórmula universal, aunque abundan las sugerencias y existen numerosos trucos útiles.

Hay que familiarizarse con las normas de la dieta disociada hasta el punto de clasificar rápidamente los alimentos en los grupos ■ neutro, ■ de proteínas y ■ de hidratos de carbono.

Utilícese una batería de cocina que ahorre tiempo y trate bien los alimentos, por ejemplo una olla exprés, cacerolas con fondo que acumule el calor, dispositivos de vapor o la batidora.

Recúrrase a recetas sencillas, con pocos ingredientes y corto tiempo de cocción, por ejemplo espaguetis con mantequilla de hierbas, patatas sin pelar con cremas frías (dips) de hierbas, sopas de verdura o potajes.

Anótese en un cuaderno o apunte en el ordenador todos los platos que sean sabrosos y de preparación fácil y rápida, así como las posibles creaciones personales de resultado satisfactorio. Así, con el tiempo, se contará con un 'manual' propio de dieta disociada.

Adquiéranse aquellas provisiones adecuadas a la dieta disociada y prográmense las compras de modo que haya que hacer una sola importante a la semana y para adquirir los alimentos más perecederos cada dos días.

Dieta disociada para profesionales

Los personas trabajadoras deben programar bien sus comidas, pues quien se limite a desayunar y a saciar su hambre entre horas con comidas rápidas para sobrecargar por la noche su estómago con cenas copiosas a la larga terminará debilitándose. Con una buena planificación, esta dieta puede resultar muy sencilla incluso en el trabajo.

Prepárese de víspera la comida del día siguiente. Tanto si se trata de un plato rápido como de comida fría o caliente para tomar con los dedos, prepárese el día anterior algo que le resulte sabroso y práctico. Todo lo que se necesita es un poco de imaginación o recetas rápidas.

Además de la fruta, las crudités o el yogur para el desayuno y las comidas de entre horas se pueden llevar al trabajo **huevos duros, carne de ave, asado frío, rosbif, albóndigas de carne** de vacuno, **queso, requesón** o **pescado ahumado**.

Las comidas de proteínas o de hidratos de carbono se pueden enriquecer -siguiendo la línea de la dieta disociada- con **zanahoria rallada, rodajas de pepino, pimientos troceados, rabanitos partidos a la mitad, rajas de colinabo, tomate partido en cuartos, brotes, trozos de apio o aguacate**, todo ello solo o con un aliño suave.

Para acompañar, prepare una exquisita salsa de ensaladas o una c**rema fría con yogur, nata agria o leche nata líquida, sal de hierbas, un chorro de keptchup** (pobre en sodio) y un poco de ace**to balsámico**.

Para la segunda mitad del día

Evítese tomar en el almuerzo grandes cantidades de carne, sobre todo de cerdo y sus productos derivados.

Independientemente de que el almuerzo haya sido de proteínas o de hidratos de carbono, antes del mismo o en su transcurso debe consumirse una buena ración de ensalada, crudités o verdura. Como alternativa, tomar fruta rica en ácidos media hora antes. Al ser la fruta de fácil digestión y metabolizarse alcalinamente en media hora, se puede tomar después una comida rica en hidratos de carbono.

Poco antes del almuerzo debe tomarse, a pequeños sorbos un gran vaso de agua o de infusión. Con el plato principal no se debe beber nada, pues la bebida diluye los jugos gástricos y puede perturbar la digestión.

Las **ensaladas de patata, pasta, cereales** o **arroz**, realizadas la víspera, aportan hidratos de carbono y se pueden llevar fácilmente al trabajo.

También dan buen resultado las **ensaladas de hoja**, siempre que se lleven en recipientes separados la ensalada y el aliño, que se mezclan inmediatamente antes de su consumo.

Las **sopas** y los **potajes** saben mejor calientes y, también, admiten su transporte sin que goteen lo más mínimo. Se acompañan con una **ensalada**, que puede tomarse antes, con lo que la pausa del mediodía se ajustará a la dieta disociada y permitirá la recuperación de energías.

Comer en el comedor de la empresa. No siempre es factible preparar en el lugar de trabajo la comida, pero quizá exista la posibilidad de que en la empresa haya un comedor en el que el seguidor de la dieta disociada pueda saciar su hambre. Además, estos comedores también se esfuerzan por evitar la uniformidad y por presentar diversos menús. Muchas veces hasta se ofertan multitud de ensaladas y verduras, de forma que es posible realizar combinaciones diferentes -según la comida elegida- de proteínas o de hidratos de carbono. Si se trata de una comida de proteínas, la guarnición se sustituye por una ración doble de verdura o de ensalada; y si es de hidratos de carbono, en lugar de carne, pescado o huevos se toma un gran plato de ensalada o de verdura.

Comer en restaurantes o en viajes de trabajo. También en un restaurante se brinda la oportunidad de combinar las comidas de forma armónica y según las normas de la dieta disociada. Cuanto más familiarizado se esté con éstas últimas, más segura será la elección.

La comida proteínica es perfecta con un bistec, carne asada, un rollo de carne asada, carne de ave, un gulasch o un plato de huevos en compañía de un gran plato de ensalada o verdura rehogada. Sin embargo hay que prescindir de otras guarniciones, como patatas, croquetas, pasta o arroz.

Muchas cartas de restaurantes incluyen platos para vegetarianos. Quien se decida por una comida de hidratos de carbono encontrará en las mismas platos como patatas al horno y crema fría, patatas salteadas, arroz, pasta con salsa de setas o de champiñón y espaguetis con ajo frito y aceite de oliva. También, cereales, verduras cocidas y otros platos integrales. Un plato de ensalada o de verdura cumple todas las exigencias de la dieta disociada. La oferta se amplía con trucha ahumada, salmón marinado, arenque en salazón y queso de cabra, que son neutros.

En la práctica de la dieta disociada no dejan de repetirse los malentendidos y las inseguridades. Pero es fácil aprender a disociar, ya que no se pueden tomar a la vez alimentos predominantemente ricos en proteínas y alimentos abundantes en hidratos de carbono. Los platos de proteínas o de hidratos de carbono deben combinarse con alimentos neutros.

Como los códigos coloreados del plan de disociación (véanse las pp. 16 y 17) aparecen constantemente en las recetas, se descubren de inmediato los alimentos o platos que forman parte del grupo de las proteínas (■ amarillo), del de los hidratos de carbono (■ naranja) y del de los neutros (■ verde). Obviamente, la disociación absoluta es imposible. No obstante, la dieta disociada funciona, pues los alimentos contrarios o extremos se separan y, así, los órganos que intervienen en la digestión resultan protegidos.

El grupo neutro

Según los principios de la dieta disociada, el grupo neutro está compuesto por todas las materias grasas, los aceites naturales, la mantequilla, alimentos ricos en grasas, como la nata y los quesos grasos con un índice superior al 60% de materia grasa, el pescado ahumado y los embutidos crudos. La razón está en que las grasas, en vez de en el estómago, se digieren en la parte superior del intestino delgado. En consecuencia, los alimentos neutros no perturban la labor digestiva del estómago.

No obstante, personalmente recomiendo usar estos productos sólo en pequeñas cantidades. El adjetivo 'neutro' no significa que estos alimentos sean pobres en calorías, sino que armonizan con todos los alimentos. Por este motivo, pueden combinarse y tomarse tanto con los alimentos ricos en proteínas como con los ricos en hidratos de carbono. Para quienes empiezan y carecen de información, esta clasificación resulta un tanto contradictoria, pero está basada en experiencias de muchos años.

Los productos lácteos acidificados son ricos en proteínas, pero a pesar de todo se consideran neutros, pues la acidificación altera las estructuras proteínicas y, según las conclusiones del Dr. Hay, sus proteínas son de fácil digestión. También la carne y el pescado crudos son ricos en proteínas, pero se consideran neutros en la dieta disociada porque sus estructuras celulares presentan las formaciones originales propias de su naturaleza. El calor las altera de tal modo que, según el Dr. Hay, la proteína es de digestión difícil. No obstante, recomienda tomar carne y pescado sólo en las cantidades indicadas.

El agua, elixir de vida

Aun cuando no se tenga sed, hay que tomar mucha agua: como mínimo, 1,5 l a lo largo de todo el día; mejor, 2 l y más. En efecto, cada vaso de agua tomado revitaliza y activa el metabolismo.

El alcohol, al contrario, es un estimulante y no es apropiado para apagar la sed. Si no se quiere renunciar a su consumo, hay que tomarlo con moderación: una copa de cuando en cuando.

Las infusiones de fruta o de hierbas suponen una alternativa a las bebidas. Las infusiones de hierbas, como las de menta, manzanilla, hinojo y otras variedades, además de apagar la sed, son medicinales. De ahí que no deban tomarse durante mucho tiempo las mismas, procurando cambiar de variedad cada día. Todo lo contrario ocurre con las infusiones de manzana, malva e hibisco, que se pueden tomar a diario sin ningún inconveniente.

Plan de disociación

Novedades

Dados los múltiples malentendidos que se han producido, ha sido necesario formar dos subgrupos dentro del grupo neutro. Y es que tratándose de nata, queso graso, jamón crudo, salmón ahumado o aguardientes blancos se solían tomar con frecuencia en grandes cantidades. Dado su alto índice en materia grasa y sal, estos productos sólo deben estar presentes en la dieta en pequeñas cantidades. Sin embargo, en los casos de fruta, verduras, crudités y ensaladas no existe limitación alguna.

Un ejemplo: aunque la mantequilla y el jamón son neutros, un bocadillo compuesto por dos panecillos de pan integral untados de mantequilla y con unas lonchas de jamón crudo procuran un aporte mucho más sustancioso de lo que se cree. Por tanto, hay que cambiar de opinión.

Es preciso pues reducir la cantidad de mantequilla y jamón y tomar antes un buen plato de ensalada o verduras del mismo grupo. Así se recupera de nuevo la reserva de bases.

Plan de disociación

Grupo neutro - Subgrupo 1

Grasas
Aceites prensados en frío, mantequilla, margarina no endurecida con un alto porcentaje de ácidos grasos poliinsaturados; también, mantequilla vegetal parecida a la manteca de cerdo.

Productos lácteos acidificados
Yogur, nata agria, requesón, mantequilla, leche cuajada, kéfir, nata.

Productos de soja
Crema de soja, soja neutra cremosa.

Quesos de corte
Emmental, appenzeller, fontina, majorero, queso de los Pirineos, raclette suizo, gouda de nata.

Quesos duros de leche cruda
Beaufort, caciocavallo, comté, grana padano, gruyer, manchego, parmesano, provolone.

Quesos blandos
Cabrales, feta, fromage hansi, liptauer, roquefort.

Quesos de leche cuajada y frescos
Harzer käse, mascarpone, mozzarella, ricota, robiola, queso de Burgos.

Embutidos secos o ahumados
Cecina de vaca curada, jamón crudo, jamón ahumado, salami, salchichas.

Carne cruda
Bistec tártaro (carne cruda, sólo fresca y pocas veces).

Pescado crudo, marinado, ahumado
Salmón ahumado, salmón marinado, arenque fresco (de la primera pesca), arenque ahumado, caballa, anguila, trucha ahumada.

Semillas y frutos secos
Avellanas, nueces, almendras, coco, semillas de girasol, semillas de sésamo, adormidera. Evitar los cacahuetes, que son de digestión difícil.

Sucedáneos del vinagre
Vinagre de sidra.

Bebidas alcohólicas blancas
Trigo, enebro, fruta.

Otros productos
Uvas pasas, aceitunas, yemas de huevo, levadura, caldo de verdura.

Grupo neutro - Subgrupo 2

Verduras
Acelgas, achicoria, aguacate, alcachofas, apio, apio de pencas, berenjenas, brécol, calabacines, calabaza, chucrut, col blanca, col china, col puntiaguda, col rizada, col roja, coles de Bruselas, coliflor, colinabo, espárragos, espinacas, gombo, guisantes, hinojo, judías de cera, judías verdes, maíz dulce fresco, maíz fresco, melón, palmitos, pepino, pimiento, puerros, rabanitos, rábanos, remolacha, salsifí negro o escorzonera, tomate crudo, tupinambo, zanahoria, ajo, cebolla, cebolleta, chalota, pimienta (bayas).

Ensalada roja
Lechuga repolluda, endibia, lechuga de hoja de roble, hierba de los canónigos, escarola rizada, lechuga iceberg, lollo rossa, lollo bionda, rucola, radicchio, lechuga romana.

Setas
Armillaria, boletos y otras setas silvestres, cantarela, caperuza roja, champiñón, colmenilla, pleuroto, shiitake, trufa.

Brotes y gérmenes
Brotes de soja, brotes de alfalfa, brotes de rabanitos, de garbanzos y otros brotes.

Gelatinizantes
Gelatina (producto animal), agaragar (algas marinas pulverizadas. Uso: disolver el polvo en un líquido frío, calentar la mezcla 60-80 °C y dejar enfriar), aglutinante de harina de algarroba (en tiendas de productos dietéticos).

Otros productos
Hierbas (albahaca, berros, perejil, cebollino), especias (rábano rusticano, mostaza, pimienta), piel de limón, infusiones de hierbas, arándanos, leche de coco fresca, café de malta, suero natural.

Se ha dividido el grupo neutro en dos subgrupos. Los productos alimentarios del subgrupo 1 deben utilizarse con moderación, mientras que los del subgrupo 2 se pueden tomar en cantidades ilimitadas. Los alimentos del grupo neutro se combinan con alimentos del grupo de las proteínas o del de los hidratos de carbono, pero nunca con ambos a la vez.

Grupo de proteínas

No debe combinarse con alimentos del grupo de hidratos de carbono, pero sí con los del grupo neutro.

Carne
Carne asada, filete, rollo de carne asada, rosbif, estofado con vinagre, carne cocida magra, carne de vacuno hervida, asado de cordero, costillas de cordero, gulash, carne picada, escalope y carne de ave, como por ejemplo pechuga de pollo, escalope de pavo, pechuga de pavo, oca, pato.

Pescado
Anguila, trucha, halibut, bacalao, carpa, salmón, caballa, gallineta, sardinas, eglefino, carbonero, lenguado, solla, rodaballo, atún, calamar, sepia, lucioperca.

Marisco
Gambas, bogavante, cangrejo de mar, carne de cangrejo, langosta, mejillones, almejas.

Fruta
Manzanas jugosas, albaricoque, pera fresca, moras, fresas, frambuesas, saúco (bayas), grosellas, cerezas, ciruelas mirabel, nectarina, ciruelas, melocotón, membrillo, ciruelas claudia, ruibarbo, guindas, uva espina, uva.

Cítricos
Clementina, lima, limón, mandarina, naranja, pomelo.

Frutas exóticas
Caqui, fruta de la pasión, granada, guayaba, kiwi, kumquats, litchi, mango, papaya, piña.

Huevos, leche y quesos
Huevos, todas las variedades de leche bebible, quesos hasta con un 45% de materia grasa, por ejemplo edam, gouda, tilsit; quesos hasta con un 60% de materia grasa, por ejemplo queso de montaña de Allgau, queso cheddar, chester, gorgonzola, mondseer, pecorino.

Productos de soja
Tofu, carne de soja.

Bebidas
Sidra, zumos de fruta, vinos (blanco, rosado y tinto), vino espumoso seco.

Otros productos
Aceto balsámico, vinagre de frambuesa.

Grupo de h. de carbono

Los alimentos de este grupo no deben combinarse con las proteínas, pero sí con los del grupo neutro.

Cereales integrales
Avena, cebada, mijo, trigo, productos de cereales integrales: pan y panecillo integrales, repostería integral, pasta integral, arroz natural.

Patatas
En todas sus formas.

Frutas
Plátano, manzana, higos frescos, dátiles frescos, frutas secas no sulfatadas.

Edulcorantes
Jarabe de agave, jarabe de arce, zumo de manzana, zumo de pera, miel (estos edulcorantes se pueden utilizar, en pequeñas cantidades, para sazonar platos ricos en proteínas).

Otros productos
Fécula de patatas, cerveza.

Atención

En la nueva dieta disociada deben evitarse asimismo los siguientes productos alimenticios:

› Harina blanca y productos derivados: productos de panificación dulces y picantes, pasta, arroz descascarillado.

› Azúcar, edulcorantes y productos derivados, como dulces y confites, mermeladas y jaleas.

› Platos preparados y conservas.

› Carne, embutidos y jamón de cerdo, carne cruda.

› Legumbres: guisantes, lentejas.

› Cacahuetes.

› Arándanos encarnados (alto índice de azúcar).

› Clara cruda de huevo (riesgo de bacterias y salmonela).

› Mayonesas preparadas (suelen contener aceites de baja calidad; es mejor elaborarlas directamente o adquirirlas en tiendas de productos dietéticos).

› Grasas endurecidas; por ejemplo margarinas comerciales, grasas de freír y de asar sólidas y blancas (grasas en pastillas, presentes en variedades de margarina sin colesterol; también, en muchos platos preparados, repostería, dulces y helados).

› Té negro, café, cacao (la cafeína y la teína son estimulantes y forman ácidos).

› Limonadas, cerveza de malta, bebidas alcohólicas de alta graduación (el azúcar y el alcohol son estimulantes y forman ácidos).

› Los alimentos del grupo de proteínas no deben rebozarse con pan rallado (forma parte del grupo de hidratos de carbono. Opciones: semillas de sésamo, frutos secos molidos del grupo neutro).

Dieta disociada para invitados

No hay que estresarse por tener que preparar una comida a la que han sido invitados amigos, conocidos, familiares o colegas. Basta una buena planificación y un poco de alegría para que todos recuerden con agrado la invitación.

Cuanto más pensadas se tengan las cosas, más éxito tendrá la invitación y más satisfechos quedarán los invitados. Así, es posible que haya quienes no coman carne y otros que no tomen pescado. Es cuestión de imaginación. Una buena solución es la del bufé, en el que cada uno puede tomar lo que le guste y en la cantidad que desee. Un bufé incluye:

Ensaladas aliñadas con **vinagre** y **aceite extra**, o con un aliño neutro, y enriquecidas con **brotes, gérmenes, semillas** y **granos**.

Verduras -en tiras o en barritas- con cremas frías adecuadas a la dieta disociada y preparados con **nata agria, nata** o **yogur natural con hierbas**, todo bien presentado.

Distintas variedades de **pan** y de **panecillos de tipo integral**.

Pizzas vegetarianas.

Quiche de verduras.

Surtido de **quesos**.

Para que el menú resulte armónico, desde los aperitivos al postre, debe elegirse entre una variante de proteínas o una variante de hidratos de carbono.

Compras y tiempo

Una vez decididas las recetas, hay que comprobar las reservas existentes en casa y apuntar en diferentes apartados los ingredientes que deben adquirirse. Piénsese en la capacidad del frigorífico y búsquense otras alternativas cuando ya no haya sitio (puede ser la bodega, el vecino o, en invierno, el balcón). Prepárese con tiempo suficiente la mesa y su decoración. Tómese el tiempo que haga falta para desconectar, descansar y cambiarse de ropa a fin de recibir a los invitados con un aspecto distendido y radiante.

Invitación al desayuno-almuerzo

■ Para la variante con un contenido rico en proteínas se pueden preparar verdaderas exquisiteces con la amplia oferta de temporada.

Prepárese fruta fresca: **piña, uva, naranjas, melón, kiwis**.

Acompáñese de **quesos de cabra** frescos, **bistecs**, y, eventualmente, **pescado** al horno o **huevos**.

Deben estar presentes **ensaladas, crudités** y **verduras** en abundancia.

Las bebidas adecuadas son: **agua mineral, vino mezclado con agua mineral, sidra, zumos de fruta diluidos** y toda clase de **infusiones**, exceptuado el té negro. El café no es recomendable, aunque el anfitrión decidirá si lo ofrece o no.

■ Puede tener gran aceptación entre los invitados un desayuno o almuerzo rico en hidratos de carbono.

Prepárense **panecillos integrales** frescos y distintas variedades de **pan integral** con la **mantequilla** correspondiente.

Y con ellos, **quesos** del grupo neutro, **salmón ahumado, arenques frescos, cecina cruda, cecina de vaca** o **bistec tártaro** fresco.

También suelen tener mucha aceptación las **patatas cocidas con su piel** acompañadas con **cremas frías**, los platos de **pasta, mijo** y **arroz,** los **pasteles de verdura** o las **pizzas**.

No olvidarse de las **ensaladas,** las **crudités** y las **verduras** en abundancia.

Los aficionados a los dulces podrán degustar un **muesli** preparado con **miel, plátano, arándanos, manzanas reblandecidas, dátiles** e **higos**.

Bebidas: **agua mineral, cerveza** y toda clase de **infusiones**, excepto el té negro.

Invitación a una barbacoa
La dieta disociada también admite las barbacoas. He aquí un par de sugerencias para una barbacoa en el jardín.

■ **Una barbacoa basada en proteínas** admite las siguientes combinaciones:
Costillas de cordero y muslos de pollo a la parrilla.
Verduras a la papillote con un trocito de queso (receta p. 39).
Se corta en trozos adecuados **calabacín, tomates cherry, cebolla, champiñones** y **pimiento** y se ensartan en una brocheta alternándolos con trozos de **carne** o **pescado** y **gambas**.
Se unta la brocheta con una **marinada** de aceite de oliva, pimentón, orégano, romero, sal y ajo machacado y se deja en maceración 1 hora antes de llevarla a la parrilla.
También tienen aceptación las frutas a la parrilla, que se cortan en trozos adecuados y se pinchan en una brocheta. Frutas tales como **manzana, piña, naranja, melocotón** o **mango**. Se disponen las brochetas en una fuente, se untan con **mantequilla** y se espolvorean de **curry**.
Tampoco pueden faltar, en abundancia, las **ensaladas** o las crudités.

■ **Una barbacoa basada en hidratos de carbono** admite los siguientes productos limenticios:
Patatas a la papillote y **pan tostado** con apetitosas cremas frías de queso fresco, yogur o nata agria y especias. También son un buen acompañamiento los **quesos de cabra** u **oveja** en papillote.
Se dispondrá asimismo de **ensaladas, crudités** y **verduras** en abundancia, eventualmente con **quesos** del grupo neutro, **salmón ahumado, arenque fresco, cecina cruda, cecina de vaca** o **salami**.
De postre, **plátanos** a la papillote.

Invitación a un menú de dieta disociada
Las siguientes propuestas de menús, compuestos por tres platos, incluyen las recetas de este libro. Al desarrollarlas téngase en cuenta que únicamente son para dos personas; así, en caso de tratarse de una mesa más amplia, las cantidades deben multiplicarse según el número de invitados. Asimismo hay que contar con el diferente apetito de cada invitado, que puede ser muy marcado.

■ **Menús de proteínas**
■ Sopa de tomate y pimiento (p. 48)
■ Curry de pollo sobre naranjas e hinojo (p. 122)
■ Queso de cabra con fruta (p. 187)

■ Lechuga iceberg con rucola y tomate (p. 26)
■ Escalope de pavo con tomate y Roquefort (p. 125) y ensalada de calabacín (p. 28)
■ Yogur helado de pera (p. 183)

■ Escarola rizada con pimientos y berros (p. 27)
■ Gulasch en salsa de vino tinto (p. 119) con judías picantes (p. 40)
■ Sorbete de yogur y fresas (p. 184)

■ Hierba de los canónigos con tomate (p. 33)
■ Pez espada con salsa de tomate (p. 137)
■ Uvas con naranja y Mascarpone (p. 185)

■ Sopa de albahaca con queso fresco (p. 48)
■ Lenguado con piña y salsa de curry (p. 138)
■ Piña al coco frita con nata al ron (p. 186)

■ Ensalada de calabacín (p. 28)
■ Berenjena gratinada con mozzarella (p. 168)
■ Frutas con salsa de yogur y limón (S. 184)

■ **Menús de hidratos de carbono**
■ Ensalada de coliflor (p. 34)
■ Tallarines con cantarelas (p. 102)
■ Helado de leche, plátano y arándanos (S. 182)

■ Lechuga con rabanitos (p. 30)
■ Patatas con arenques en salsa de nata (p. 62)
■ Compota de manzana (p. 181)

■ Verduras asiáticas salteadas (p. 46)
■ Espaguetis picantes (p. 96)
■ Higos en cocción de miel (p. 180)

■ Ensalada de tomate (p. 28)
■ Pizza de pimientos con Mozzarella (p. 90)
■ Plátanos con mascarpone y dátiles (p. 182)

■ Sopa de verdura (p. 48)
■ Crepes de manzana (p. 89)
■ Yogur de canela y avellanas (p. 183)

Las siguientes preguntas me han sido formuladas en muchas ocasiones por correo electrónico. Como lo hago en mi página de Internet, me gustaría dar una respuesta a estas cuestiones.

¿Es absolutamente necesario empezar con un día de depuración?

No, pues el día de depuración sólo sirve para facilitar la tarea en los días siguientes.

¿Cuál es el grupo de los tomates?

Tratándose de tomates, hay que tener en cuenta su elaboración. Crudos, son dulces y son parte del grupo neutro. En salsa o en sopa, después de someterlos al calor, sus estructuras celulares se modifican hasta el punto de que adquieren un sabor ácido y, al igual que la fruta ácida, pertenecen al grupo de las proteínas. Para el proceso digestivo, el cuerpo tiene que producir jugos ácidos. Por el contrario, los tomates secos forman parte del grupo de los hidratos de carbono.

¿Qué manzanas son las más apropiadas para la dieta disociada?

Las manzanas recién recolectadas, que aún poseen muchos ácidos, se digieren en un medio ácido y, por tanto, forman parte del grupo de las proteínas. Almacenada durante un tiempo prolongado y reblandecida, la manzana tiene un porcentaje de ácidos más bajo y se digiere en un medio alcalino. La manzana almacenada y re-blandecida pertenece al grupo de los hidratos de carbono. Por este motivo, no puede citarse ninguna variedad especial de manzana.

¿Hay algún sucedáneo de la leche nata líquida (10% grasa)?

Esta leche es un producto lácteo muy digestible pero no siempre es fácil de conseguir. Se puede sustituir por un yogur suave, mezclado con nata o nata agria.

El vinagre, ¿es un condimento prohibido?

En principio, el vinagre no está prohibido en la dieta disociada, aunque tampoco es recomendable por formar muchos ácidos. Los suaves (aceto balsámico o de frambuesa), pueden usarse en pequeñas cantidades en los menús de proteínas, pero no en los de hidratos de carbono. Para preparar aliños es posible recurrir al zumo de limón en menús de proteínas. Para los menús de hidratos de carbono se puede sustituir el vinagre por *molkosan*, que es un concentrado de suero fermentado, por vinagre de sidra y por *brottrunk*, obtenido a partir de la fermentación del pan.

¿Cómo aprovechar restos de clara de huevo?

Cuando se desea aprove-char la clara (grupo de proteínas) se bate con 1-2 huevos enteros (grupo de proteínas) y se preparan unos huevos revueltos o se deja cuajar en caldo de verduras hirviendo.

¿Con qué menú combinan mejor los pasteles, las pastas picantes y los postres?

Los pasteles y las pastas son un tentempié apropiado para la tarde (en su justa medida). Excepcionalmente un trocito de tarta sustituye al almuerzo o la cena. Es muy importante tomar antes un plato de ensalada o de verdura. Si esta combinación no nos satisface, tanto la ensalada como la verdura admiten tomarse luego en la comida de entre horas o como plato principal. Los postres pueden degustarse antes o después de un menú de proteínas o de hidratos de carbono, y, también, entre horas.

Legumbres, ¿permitidas o prohibidas?

En la primera dieta disociada del Dr. Hay, las legumbres figuran como no recomendadas, pues son de digestión difícil, producen gases, causan hiperacidez en el estómago y los riñones y favorecen la aparición de gota. Pero, por otra parte, proporcionan hierro, calcio, magnesio, potasio, cobre, fósforo y vitaminas A, E y B. Personalmente las considero casos extremos, y tan sólo las tomo de vez en cuando. La inclusión de guisantes, lentejas y judías en la dieta es una decisión personal. Las legumbres se digieren mejor condimentadas con hierbas (comino, hinojo, mejorana, levística, tomillo o romero). Se toleran mejor bien masticadas, o, incluso en puré.

¿Es aceptable la dieta disociada en el embarazo y la lactancia?

Sí, pues dada la gran cantidad de frutas y verduras que se toman, se ingieren vitaminas, minerales y sustancias vegetales secundarias de vital importancia. De esta forma, madre e hijo toman todo lo que necesitan en esta etapa de su vida. Aunque por lo general no se producen grandes acumulaciones de líquidos, se deben evitar la col, los cítricos y el alcohol.

¿Cuánto debe durar la pausa entre comidas tras consumir un menú de fruta?

En general la fruta se digiere muy rápidamente, pues sus enzimas aceleran el proceso digestivo. De ahí que 30 minutos después de haber tomado fruta, tengan lugar las comidas principales de proteínas y de hidratos de carbono. Los ritmos ideales de comida son: tras el desayuno debe hacerse una pausa de 1-2 horas hasta la primera comida entre horas, y entre ésta y el almuerzo deben transcurrir entre 30 minutos y 1 1/2 horas. Después del almuerzo el estómago necesita una pausa de unas 3-4 horas, sobre todo para producir jugos digestivos y disociar las sustancias nutritivas. La pausa entre la merienda y la cena será de 1-2 horas. Hay que evitar las cenas tardías.

¿Puede llegar a ser la dieta disociada una forma de alimentación permanente?

Con su combinación óptima de sustancias nutritivas: proteínas de fácil digestión, hidratos de carbono de bajo índice glucémico, sustancias de lastre, sustancias vitales y aceites de primera calidad, la dieta disociada garantiza la buena forma física, la esbeltez, la belleza y la capacidad productiva. Además, aparte de prevenir los trastornos cardiovasculares, los valores altos de colesterol, el sobrepeso y la hi-

peracidez, también purifica el estómago y cura el intestino.

¿Es compatible la dieta disociada con la alimentación vegetariana?

Hay vegetarianos que siguen esta dieta. Lo único que deben procurar es que el aporte de proteínas sea suficiente, sobre todo pensando en la valencia biológica de los vegetales. No obstante, el queso y los productos lácteos solucionan el problema.

¿Que alternativa hay para el azúcar?

El jarabe de arce, elaborado con el jugo del arce sacarino, ofrece un aroma muy fino. También los jarabes de manzana y de pera, obtenidos a partir del zumo de la fruta madura, tienen un sabor muy interesante. Estos tres edulcorantes alternativos pertenecen al grupo de hidratos de carbono. El edulcorante es un jarabe de fruta; se compra en tiendas de productos dietéticos y pertenece al grupo de los hidratos de carbono. Del mismo modo estas alternativas se destinan, en pequeñas cantidades, a endulzar platos de proteínas y neutros. Y, como recomendable, la miel.

¿Por qué se incluye la pimienta entre las especias no recomendadas?

El Dr. Hay sufría la enfermedad renal de Bright y eliminaba de su dieta cualquier producto alimenticio que pudiera de-

sencadenar una nefritis. Entre ellos estaban, entre otros, la pimienta, la mostaza, el jengibre y el rábano rusticano o picante. Como son especias que, además de enriquecer la dieta, tienen efectos positivos, tratándose de individuos sanos su uso moderado no presenta ningún inconveniente. El rábano rusticano, por ejemplo, activa el metabolismo global, elimina el ácido úrico, es depurativo y drena el cuerpo. La mostaza, por su parte, tiene propiedades digestivas y es antibacteriana. No obstante, debe emplearse con cuidado en caso de existir úlceras gástricas, gastritis e hiperacidez.

¿Qué alimentos son formadores de bases?

Todavía no existe unanimidad entre los científicos acerca de la medida en que un alimento o un condimento forma ácidos o bases. No obstante, tratándose de alimentos formadores de bases la mayoría está de acuerdo en los siguientes grupos: brotes y gérmenes, patatas, ensaladas, todas las variedades de verdura (incluidas las congeladas), fruta madurada al

sol, zumos de frutas y verduras recién exprimidas, melón, hierbas, aceite prensado en frío y grasas, nata, leche y productos lácteos ácidos, soja, setas y rábano rusticano o picante.

¿Admite la dieta disociada productos de soja?

La alternativa vegetal a la nata son los productos cremosos de soja, que no aportan colesterol y son neutros en cuanto al sabor. Sirven para gratinar, espesar salsas y sopas y enriquecer platos de carne y de pescado. La crema de soja, aunque no se puede montar como la nata, va muy bien con los postres y refuerza el sabor de las verduras. Los productos de soja se adquieren en herboristerías, tiendas especializadas en dietético o en productos naturales y secciones especializadas de grandes superficies. No debe confundirse con el tofu, que también aporta proteínas de alto valor, carece de colesterol, es rico en minerales y forma bases. Este último se incorpora (marinado), poco antes de concluir el tiempo de cocción, a los platos preparados en la sartén o en el wok.

Ensaladas

Para preparar las ensaladas más apetitosas, no hacen falta muchos ingredientes. Según la temporada y los gustos personales, las siguientes páginas ofrecen la posibilidad de elegir entre diversas ensaladas de ingredientes crudos, como la lechuga, o de ingredientes cocidos, como la zanahoria o la coliflor. Normalmente, antes de la comida o cena deben tomarse en abundancia ensaladas o crudités (verduras y hortalizas aliñadas en crudo). Para saciar el hambre entre horas, unas tapas hechas con trozos de verdura introducidos en una crema fría neutra reaniman y contribuyen a mantener la forma física.

Recetas de ensaladas

Las ensaladas y las verduras contienen muchas sustancias nutritivas. Así nos proporcionan vitaminas, oligoelementos, minerales y sustancias vegetales secundarias y de lastre. Al mismo tiempo son ricas en agua, tienen pocas calorías y regulan el equilibrio entre ácidos y bases.

Las ensaladas y las crudités (verduras y hortalizas aliñadas en crudo) forman parte de los productos alimenticios neutros, por lo que pueden combinarse con un menú de proteínas o un menú de hidratos de carbono. Según la preparación, una ensalada neutra admite su conversión en un plato de proteínas o de hidratos de carbono. Por eso hay que tener en cuenta las indicaciones de las recetas.

Hierbas aromáticas adecuadas

Las ensaladas de hoja requieren hierbas frescas, tales como perejil, cebollino, eneldo, perifollo, estragón, salvia, berros, acedera o melisa. Recién picadas, estas hierbas aportan un toque especial a las ensaladas. Se compran frescas en manojitos y en tiestos, o se recolectan directamente en el huerto propio. También hay un gran surtido de hierbas congeladas de excelente calidad. Merece la pena darse una vuelta por la sección de congelados de supermercados y grandes superficies para hacerse con una pequeña provisión de hierbas.

Especias adecuadas

Hierbas provenzales, cilantro, comino, rábano rusticano, mejorana, orégano, tomillo, romero, pimentón picante, cardamomo, clavo en polvo, cúrcuma, azafrán, curry en polvo, jengibre recién picado y hojas de lima y kafir.

Ensalada y verdura: siempre fijas

Tanto el pepino, como la lechuga iceberg, el tomate o el pimiento resisten algún tiempo en el compartimento de verduras del frigorífico.

En el momento más imprevisible es posible preparar una jugosa ensalada con un trozo de pepino, media lechuga iceberg, un tomate, un pimiento y un aliño rápido.

Muchas variedades de verdura, como la zanahoria, la coliflor, el brécol o las judías verdes, admiten su preparación en cantidades dobles para ser usadas en la comida siguiente tanto salteadas en mantequilla, para su servicio en caliente, como aderezadas con un aliño.

Las ensaladas y las crudités incluidas en un menú de hidratos de carbono sólo permiten el acompañamiento de las siguientes frutas: dátiles, higos, frutas secas, plátanos o manzanas reblandecidas de almacén. Las ensaladas y las crudités de un menú de proteínas pueden llevar bayas, frutas de hueso o cítricos.

Ajo, cebolla y demás

Según los gustos y la tolerancia personales, la ensalada permite incluir ajo, cebolla, ajo de oso y cebolleta. Debe comprarse únicamente ajo fresco, pues el diente de ajo que albergue en su interior un germen verde resulta ligeramente amargo. Se recomienda pelar el ajo y picarlo o exprimirlo con el prensaajos.

Las cebollas roja, blanca y maui son ideales en ensalada. Para ello, se pelan y cortan en trocitos, en aros o en tiras. Por su parte, después de limpia, la cebolleta se lava y pica; o se corta diagonalmente en aros muy delgados. Se usa tanto lo blanco como su parte verde.

Ensaladas bien preparadas

Las ensaladas de hojas tiernas de lechuga repolluda, de hoja de roble, de Batavia, de hierba de los canónigos o de rucola, una vez limpias y lavadas se parten en trozos a discreción. Si a pesar de su buena calidad y de su adecuada conservación presenta un aspecto ligeramente marchito, la ensalada se introduce unos instantes en agua con limón. Basta con poner agua muy fría en un cuenco grande, agregar una rodaja o zumo de limón y sumergir las hojas. A continuación, el conjunto se vuelca sobre un colador o una centrifugadora y se aliña de inmediato antes de servir. Cuanto menos agua tengan las hojas, más fácilmente se impregnará del aliño.

Ensaladas variadas

El contenido de las ensaladas puede variar según las apetencias, los gustos y las preferencias. Enriquecidas con los siguientes ingredientes -las cantidades están calculadas para dos personas-, un entrante o una guarnición neutros se convierten en un plato de proteínas o de hidratos de carbono.

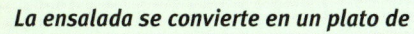

La ensalada sigue siendo neutra con:
100 g de salmón en tiras
120 g de queso de oveja desmenuzado
350 g de pleurotos salteados
100 g de brotes o gérmenes, por ejemplo de alfalfa, berros, soja o lentejas

La ensalada resulta especialmente apetitosa con pepitas de calabaza o de girasol, piñones o almendra fileteada fritos. Además de una cierta consistencia, todos estos productos aportan valiosas sustancias minerales y vitaminas. Hay que freírlos sin grasa y deben añadirse a la ensalada sólo al final.

La ensalada se convierte en un plato de proteínas con:
150 g de gambas
300 g de filetes de pechuga de pavo fritos
4 huevos duros partidos en cuartos
4 huevos al plato o revueltos
300 g de restos de carne fritos
120 g de gouda en dados

La ensalada se convierte en un plato de hidratos de carbono con:
400 g de patatas salteadas
100 g de trocitos de pan tostados
Con la ensalada neutra se pueden servir pan o panecillos integrales.

Los aliños

Además de redondear el sabor, los aliños tienen la propiedad de aprovechar las vitaminas liposolubles. En efecto, el betacaroteno y las vitaminas A, D, E y K sólo son absorbidas por el organismo en combinación con un poco de aceite. Un buen aliño requiere aceites prensados en frío y no tratados, sobre todo de oliva, colza, cardo, girasol y maíz. Otros aceites finos y de sabor intenso son los de uva, sésamo, nuez y avellana. Si se emplean diversos aceites, se recomienda adquirirlos en frascos pequeños, pues las botellas de aceite una vez abiertas no sólo deben estar protegidas de la luz y bien cerradas, sino que han de consumirse dentro de los seis meses siguientes (las de aceite de frutos secos, incluso en un plazo máximo de tres meses).

Aliños neutros

El aliño clásico es la vinagreta, que se prepara con tres partes de aceite por una de vinagre. Ahora bien, en la dieta disociada el vinagre se usa muy poco, pues es un producto que forma ácidos. El vinagre de sidra, el molkosan (suero fermentado) y el brottrunk (bebida elaborada con pan fermentado) son sustitutos del vinagre en los platos de hidratos de carbono y, tratándose de platos de proteínas, se puede recurrir al zumo de limón, al vinagre de frambuesa, al aceto balsámico -en pequeñas cantidades- y a otras variedades de vinagres suaves. Existe la posibilidad de 'estirar' los aliños con zumo de naranja, suero de mantequilla o yogur neutro.

Siempre vienen bien…

Los aliños de yogur, suero de mantequilla, nata, nata agria o crema de soja son neutros y combinan bien con todas las variantes.
Los aliños siguientes están calculados para 2 personas, son neutros, se preparan en un abrir y cerrar de ojos y resultan muy apropiados para todas las ensaladas de temporada, pero también para las de hoja, tomate y pimiento.

Aliño de yogur
Se mezclan **100 g de yogur natural** (3,5% de materia grasa) con **75 g de nata**, un poco de **sal de hierbas** y una **lata pequeña de maíz** (de 140 g).

Vinagreta de hierbas
Se mezclan **1 cucharada de vinagre de sidra** y **80 ml de agua** con **sal marina**, **pimienta** y **1 chorrito de jarabe de manzana**. Se incorpora -batiendo- **1 cucharada de aceite de oliva prensado en frío**, de modo que se forme una salsa cremosa. Se mezclan a discreción **hierbas aromáticas picadas**, **rábano rusticano recién rallado** o **cebolla picada**.

Lechuga iceberg con rucola y tomate

Tiempo de preparación: 15 minutos

Para 2 personas (aprox., 90 kcal por ración):
1 lechuga iceberg pequeña
1/2 manojito de rucola
1 cebolla
4 tomates
1/2 pepino
1 cucharada de vinagre de sidra
Sal de hierbas
1 cucharada de aceite de girasol
1 manojito de hierbas aromáticas (por ejemplo eneldo, perifollo, perejil, acedera, cebollino)

1. Limpiar, lavar y escurrir la lechuga iceberg y la rucola; así listas, cortarlas en trozos.

2. Pelar la cebolla y hacerla daditos. Lavar los tomates, quitarles la inserción del tallo y partirlos en trozos de tamaño moderado. Pelar el pepino, cortarlo primero a lo largo en cuartos y, luego, en trozos. Mezclar en un cuenco los ingredientes de la ensalada.

3. Para el aliño, remover todo de continuo y mezclar el vinagre, 100 ml de agua y sal de hierbas; por último, verter el aceite batiendo con fuerza.

4. Mezclar la lechuga con el aliño. Lavar las hierbas aromárticas, secarlas (agitándolas), picarlas y distribuirlas sobre la ensalada.

Variante:
El vinagre de sidra se puede sustituir por molkosan o brottunk (en tiendas de productos dietéticos o naturales y secciones especializadas de grandes superficies); las hierbas aromáticas mixtas, por perifollo, o, en primavera, por acedera.

Escarola rizada con pimiento y berros

Tiempo de preparación: 15 minutos

Para 2 personas (aprox., 175 kcal por ración):
100 g de hierba de los canónigos
1 escarola rizada pequeña
1 pimiento amarillo
2 tomates
3 cucharadas de almendra poco picada
Sal de hierbas
1 cucharadita de edulcorante líquido
1 cucharada de aceite de girasol
2 cucharadas de eneldo picado
1/2 bolsita de berros

1. Limpiar la hierba de los canónigos, lavarla bien y escurrirla en la centrifugadora. Limpiar también, lavar y escurrir en la centrifugadora la escarola; luego, trocearla.

2. Partir el pimiento a la mitad, limpiarlo, lavarlo y cortarlo en trozos menudos. Lavar los tomates y, tras eliminar las inserciones de los tallos, dividirlos en octavos.

3. Decorar dos platos con los ingredientes de la ensalada y distribuir por encima la almendra.

4. Para el aliño, al tiempo que se remueve de continuo mezclar vinagre, 100 ml de agua, sal y el edulcorante. Agregar después el aceite, batiendo enérgicamente con la batidora, y echar el eneldo.

5. Rociar la ensalada con el aliño, cortar los berros y repartir los trozos por encima.

Variante:
En ocasiones especiales, las ensaladas se presentan decoradas con manojitos de hierbas aromáticas o con espirales de rabanitos. Para ello, los tallos tiernos de las hierbas y el cebollino, o la parte verde de las cebolletas, se cortan en tiras a lo largo que luego se mezclan. Los rabanitos se clavan en un palillo, se cortan en espiral con un cuchillo afilado y, por último, se abren.

27

Ensalada de tomate

Tiempo de preparación: 15 minutos

Para 2 personas (aprox., 65 kcal por ración):
500 g de tomates
1 cebolla
Sal marina
1 cucharada de aceite de oliva
1/2 ramito de perejil

1. Lavar los tomates, quitarles la inserción del tallo y hacer con ellos rodajas finas. Pelar la cebolla y cortarla en aros también finos.

2. Disponer los tomates cortados, en dos platos, en forma de teja. Sazonar con sal marina y regar con aceite. Distribuir por encima los aros de cebolla.

3. Lavar el perejil, escurrirlo en la centrifugadora, picarlo y esparcirlo sobre los aros de cebolla.

Variante:
Se puede prescindir de la cebolla y poner en su lugar unas aceitunas negras sin hueso; también el perejil, que se puede sustituir por unas hojitas de albahaca. Las aceitunas y la albahaca se distribuyen decorativamente sobre las rodajas de tomate. A pesar de las aceitunas, la ensalada sigue siendo neutra.

Ensalada de calabacín

Tiempo de preparación: 20 minutos

Para 2 personas (aprox., 120 kcal por ración):
500 g de calabacín
Sal marina
1 cucharada de aceite de oliva
1 cucharada de vinagre de sidra
Sal de ajo
1 cucharada de eneldo, perejil y cebollino
   recién picados
50 g de nata agria
1 cucharadita de pimentón dulce

1. Lavar y limpiar los calabacines. Poner a hervir agua con sal y cocer en ella, de 8 a 10 minutos, los calabacines enteros. Retirarlos del agua, dejar que enfríen y partirlos en trocitos.

2. Para el aliño, revolver de seguido y mezclar aceite con vinagre, 80 ml de agua, sal y hierbas aromáticas. Incorporar también la nata agria.

3. Mezclar el aliño con los trocitos de calabacín. Disponer la ensalada en dos platos y servirla espolvoreada de pimentón dulce.

Variante:
Para preparar las crudités de calabacín basta con lavar, limpiar, rallar o cortar en tiras finas los calabacines. Después se aderezan con un aliño de 50 g de nata agria, 1 cucharadita de aceite de oliva, sal de ajo y 1 cucharada de eneldo recién picado.

Ensalada de rábano con hierbas y yogur

Tiempo de preparación: 20 minutos

Para 2 personas (aprox., 175 kcal por ración):
1 rábano de tamaño medio
Sal marina
100 g de nata agria
150 g de yogur natural (3,5% de materia grasa)
1/2 ramito de perejil

1. Limpiar el rábano, lavarlo y rallarlo grueso. Mezclarlo con sal marina y dejar que macere 5 minutos.

2. Para el aliño, revolver sin parar y mezclar la nata agria y el yogur, y al resultado sumarle, sin parar de remover, el rábano rallado. Lavar el perejil, escurrirlo bien y picarlo fino.

3. Espolvorear la ensalada de rábano con perejil y servir.

Variante:
El rábano se puede sustituir perfectamente por rabanitos. Si se da el caso, se lavan, limpian y rallan grueso 3 manojitos de rabanitos que se aliñan al gusto. Para la presentación, en lugar de perejil se usan dos ramitas de eneldo.

'Crudités' de colinabo y manzana

Tiempo de preparación: 20 minutos

Para 2 personas (aprox., 245 kcal por ración):
2 colinabos pequeños
2 manzanas poco ácidas
2 cucharadas de zumo de limón
100 g de nata agria
150 g de yogur natural (3,5% de materia grasa)
Sal de hierbas
2 cucharadas de avellanas poco picadas
1 cucharadita de edulcorante líquido
8 hojas de melisa
Unas ramitas de perifollo

1. Pelar y trocear los colinabos. Lavar las manzanas, partirlas en cuartos, quitarles el corazón y hacer trozos pequeños. Mezclar los trozos de colinabo y manzana y rociar la mezcla con zumo de limón.

2. Para el aliño, revolver sin parar y mezclar la nata agria con el yogur, la sal de hierbas, las avellanas y el edulcorante. Picar fino la melisa e incorporarla a la mezcla. Lavar el perifollo y escurrirlo en la centrifugadora.

3. Disponer las crudités en dos platos y rociar por encima con el aliño de manerea uniforme. Decorar con perifollo y servir.

Lechuga repolluda con rabanitos y brotes de soja

Tiempo de preparación: unos 20 minutos

Para 2 personas (aprox., 140 kcal por ración):
1 ensalada repolluda
1 pepino pequeño
1 manojo de rabanitos
1 cebolla
60 g de brotes de soja
1/2 ramito de hierbas aromáticas mixtas (por ejemplo perifollo, cebollino, perejil)
1 cucharada de aceite de girasol
100 g de yogur natural (3,5% de materia grasa)
1/8 l de zumo de naranja recién exprimido
Sal marina

1. Limpiar la lechuga, lavarla, escurrirla en la centrifugadora y partirla en trozos. Pelar el pepino, cortarlo a lo largo en cuartos, despepitarlo con una cuchara y partirlo en trozos delgados. Limpiar también los rabanitos, lavarlos y trocearlos en forma de bastoncitos.

2. Mezclar en un cuenco la lechuga y los rabanitos. Lavar las hierbas aromáticas, escurrirlas bien y picarlas o hacerlas aritos.

3. Pelar y picar la cebolla. Lavar los brotes, escurrirlos y disponerlos extendidos sobre la lechuga. Para el aliño, revolver sin parar y mezclar el aceite, el yogur, el zumo de naranja, la sal, las hierbas aromáticas y los trocitos de cebolla. Aderezar la lechuga con el aliño.

Variante:
Se baten dos huevos, dos cucharadas de agua mineral y sal hasta lograr una espuma. Acto seguido, se calienta en una sartén pequeña una cucharadita de mantequilla, se agrega la mitad de la masa del huevo y, removiendo continuamente, se deja que cuaje. Tras retirar la tortilla de la sartén, se corta en tiras finas y se distribuye sobre la lechuga.

Lechuga de hoja de roble con cecina de vaca

Tiempo de preparación: 20 minutos

Para 2 personas (aprox., 115 kcal por ración):
1 lechuga de hoja de roble
8 tomates cereza
1 cucharadita de vinagre de frambuesa
Sal marina
Pimienta
1 cucharada de aceite de oliva
1/2 bolsita de hierbas para ensalada
70 g de cecina de vaca

1. Limpiar la lechuga, lavarla, cortarla y escurrirla en la centrifugadora. Lavar los tomates y partirlos a la mitad.

2. Para el aliño, remover de continuo y mezclar el vinagre, 80 ml de agua, sal y pimienta. Incorporar el aceite batiendo y mezclar las hierbas aromáticas.

3. Distribuir la lechuga en platos, disponer los medios tomates sobre ella y rociar con el aliño. Esparcir la cecina de vaca sobre la lechuga y servir.

Variante:
La cecina de vaca se puede sustituir, por ejemplo, por huevos duros partidos en cuartos, por 250 g de filetes de pechuga de pavo fritos o por 350 g de pleurotos.

Mi sugerencia

Aceite de oliva: oro líquido

Los aceites son aromatizantes y aportan vitaminas a las ensaladas. Cuando se emplea aceite de oliva para aliñar platos fríos no se debe economizar la calidad. Los aceites españoles llevan en la etiqueta la indicación de "Aceite de oliva virgen extra". Este extracto de aceitunas, de color amarillo a verde intenso, sabe ligeramente a nuez y es muy saludable. Su alto índice en ácidos grasos no saturados influye positivamente en el metabolismo y reduce el riesgo de enfermedades cardiovasculares.

Lechuga iceberg con nata agria

Tiempo de preparación: 20 minutos.

Para 2 personas (aprox., 130 kcal por ración):
1 lechuga iceberg
1 cebolla
100 g de nata agria
Sal de hierbas
1 cucharada de vinagre de sidra
1 cucharada de aceite de girasol
1/2 manojito de cebollino

1. Limpiar la lechuga, lavarla, escurrirla en la centrifugadora y cortarla en trozos. Pelar y picar la cebolla.

2. Para el aliño, remover de seguido y mezclar la nata agria, 100 ml de agua, sal de hierbas, vinagre de sidra, aceite y cebolla picada. Lavar el cebollino, escurrirlo y cortarlo en aritos.

3. Aderezar la lechuga con el aliño. Disponer la ensalada en dos platos. Servirla espolvoreada de cebollino.

Variante:
En lugar de aritos de cebollino, esparcir sobre la ensalada perejil, borraja o una mezcla de hierbas aromáticas. Para adornar la ensalada, lavar y partir a la mitad 8 tomates cereza.

Lechuga con vinagreta de hierbas

Tiempo de preparación: 20 minutos

Para 2 personas (aprox., 65 kcal por ración):
1 lechuga repolluda
1 cebolla
1/2 ramito de perejil
1 cucharada de vinagre de sidra
Sal de hierbas
1 cucharadita de edulcorante líquido
1 cucharada de aceite de girasol

1. Limpiar la lechuga, lavarla, escurrirla en la centrifugadora y cortarla al gusto. Pelar y picar la cebolla. Lavar el perejil, escurrirlo y picarlo fino.

2. Para el aliño, remover de continuo y mezclar vinagre de sidra, 80 ml de agua, sal de hierbas y edulcorante. Incorporar el aceite batiendo todo. Agregar los trocitos de cebolla y el perejil. Aderezar la ensalada con el aliño.

Variante:
Esta ensalada también sabe muy bien con escarola, lollo rossa, lollo bionda o lechuga de Batavia. De no tolerarse la cebolla, cambiar dicho ingrediente por otra variedad de hierbas aromáticas, bien sea por menta o bien por una mezcla de hierbas congeladas.

Hierba de los canónigos con tomate

Tiempo de preparación: 30 minutos

Para 2 personas (aprox., 65 kcal por ración):
150 g de hierba de los canónigos
4 tomates
1 cebolla pequeña
1 cucharada de vinagre de sidra
Sal marina
Unas gotas de jarabe de manzana
1 cucharada de aceite de uva (sustituible por
  aceite de nueces)

1. Lavar la hierba de los canónigos, limpiarla, escurrirla en la centrifugadora y, si fuera necesario, partirla en trozos. Lavar los tomates, quitarles la inserción del tallo y trocearlos.

2. Disponer la hierba de los canónigos y los tomates en dos platos, de forma decorativa.

3. Pelar la cebolla y cortarla en trocitos. Para el aliño, remover de continuo y mezclar vinagre, 80 ml de agua, sal y jarabe de manzana.

4. Agregar el aceite batiendo todo con fuerza. Aderezar la ensalada con el aliño y repartir por encima los trocitos de cebolla.

'Crudités' de hinojo

Tiempo de preparación: 30 minutos

Para 2 personas (aprox., 80 kcal por ración):
1 bulbo de hinojo grande
1 cucharada de vinagre de sidra
Sal marina
1 cucharadita de jarabe de manzana
1 cucharada de aceite de uva

1. Limpiar el hinojo y reservar un poco del verde picado fino. Lavar el bulbo, partirlo a la mitad y recortar el troncho en forma de cuña. De modo transversal, cortar los bulbos en tiras delgadas.

2. Para el aliño, remover y mezclar vinagre, 80 ml de agua, sal y jarabe de manzana. Agregar el aceite batiendo con fuerza. Disponer las tiras de hinojo en dos platos y rociarlas con el aliño. Decorar con el verde del hinojo y servir.

Mi sugerencia

Aceite de uva

De sabor agridulce, se elabora a partir de los granos secos de uva, tomando un color que abarca del amarillo oro al verde. Por su alto índice de ácidos grasos esenciales es muy apreciado y es excelente en ensaladas o crudités apetitosas.

Ensalada variada de verduras

Tiempo de preparación: 30 minutos

Para 2 personas (aprox., 140 kcal por ración):
1/2 coliflor pequeña
Sal marina
2 tomates
1 cebolla
5 champiñones
1/2 manojo de rabanitos
1/2 manojo de hierbas aromáticas mixtas (por ejemplo perifollo, perejil y eneldo)
4 cucharadas de nata
2 cucharaditas de aceite de girasol
1 cucharada de vinagre de sidra
Sal de hierbas

1. Limpiar la coliflor, lavarla y cortarla en ramilletes pequeños. Poner a hervir agua con sal y cocer, durante 10 minutos, los ramilletes al dente. Retirarlos luego del agua con una espumadera, enfriarlos bruscamente y dejar que reposen un poco.

2. Mientras, lavar los tomates, quitarles la inserción del tallo y partirlos en trozos menudos. Pelar y picar la cebolla.

3. Limpiar los champiñones, rasparlos si fuera necesario y laminarlos fino. Limpiar los rabanitos, lavarlos y cortarlos en rodajas delgadas. Mezclar la verdura en un cuenco.

4. Para el aliño, lavar las hierbas aromáticas, secarlas agitándolas y picarlas. Batir enérgicamente 100 ml de agua, la nata, el aceite y el vinagre. Incorporar también las hierbas.

5. Aderezar la ensalada con el aliño, sazonarla con sal de hierbas y dejarla un poco en maceración antes de servir.

Ensalada de coliflor

Tiempo de preparación: 25 minutos

Para 2 personas (aprox., 110 kcal por ración):
1 coliflor pequeña
Sal marina
1 cebolla
1 cucharada de aceite de girasol
1 cucharada de vinagre de sidra
Sal de hierbas
4 cucharadas de nata agria
2 cucharaditas de pimentón dulce

1. Limpiar la coliflor, lavarla y cortarla en ramilletes. Cocer agua con sal en una cacerola grande.

2. A fuego medio, cocer durante 15-18 minutos la coliflor, hasta que esté al dente. Retirar los ramilletes del agua y, tras enfriarlos bruscamente, dejarlos reposar.

3. Para el aliño, pelar y picar la cebolla. A medida que se remueve mezclar el aceite con el vinagre, 150 ml del agua de la cocción de la coliflor, la sal de hierbas y la nata agria.

4. Disponer la coliflor en dos platos, extender el aliño, espolvorear de pimentón y servir.

Mi sugerencia

Blanquear y enfriar bruscamente

La coliflor, el brécol y el romanesco resultan excelentes cocidos o gratinados, pero también en ensalada. El romanesco es una variedad de coliflor de color amarillo verdosa, muy decorativa. Para la ensalada, los ramilletes se cuecen previamente en agua con sal hirviendo en una operación que técnicamente se llama 'blanquear'. Una vez blanqueados, los ramilletes se enfrían de repente con agua muy fría, a ser posible helada, pues de no ser así prolongarían su cocción y se reblandecerían en exceso para la ensalada.

Ensalada de judías con aliño de roquefort

Tiempo de preparación: 30 minutos

Para 2 personas (aprox., 260 kcal por ración):
300 g de judías verdes
Sal marina
1 ramita de ajedrea común
1/2 lechuga iceberg pequeña
100 g de champiñones
6 tomates cereza
1 cebolla
70 g de roquefort
175 g de nata líquida
1 cucharada de vinagre de sidra
Sal de hierbas
1 cucharada de perejil picado
1 cucharada de aritos de cebollino

1. Lavar las judías, limpiarlas y cortarlas en tiras delgadas. Poner a hervir agua con un poco de sal y echar en ella las judías y la ajedrea. Cocer las judías al dente, durante 15 minutos. Retirarlas luego, enfriarlas bruscamente y dejar que reposen.

2. Limpiar la lechuga, lavarla y cortarla en tiras estrechas. Limpiar también los champiñones, frotarlos si fuera preciso y laminarlos fino. Lavar los tomates y partirlos a la mitad. Pelar y picar la cebolla.

3. Para el aliño, aplastar el queso con un tenedor y mezclarlo con la nata líquida, el vinagre, la sal de hierbas, las hierbas aromáticas y la cebolla picada revolviendo bien todo.

4. Servir la ensalada en dos platos y distribuir por encima el aliño.

1 Ensalada variada de verduras

2 Ensalada de coliflor

3 Ensalada de judías con aliño de roquefort

Verduras

Tratándose de verduras, las posibilidades que ofrecen son enormes. Hay que tomarlas todos los días al mediodía y en la cena; también, entre horas. Asimismo, hay que aprovechar su diversidad: cuanto mayor sea la variación, mejor. La dieta debe alternar las verduras que crecen bajo la tierra y las que lo hacen sobre ella. En las siguientes páginas se indican diferentes propuestas de primeros platos y guarniciones de verdura, así como consejos muy útiles sobre la compra de la verdura.

Recetas de verduras

Verduras frescas y aromáticas

Junto con las ensaladas y las crudités, las verduras se sitúan entre los alimentos más sanos. Quien decida alimentarse siguiendo la dieta disociada deberá procurar que la proporción de ensaladas, frutas y verduras suponga el 60-80% de la ingesta total diaria. Como regla general, cada parte de carne requiere la toma de tres partes de ensalada, crudités o verdura; y por cada una de arroz o patata, otro tanto de los mismos productos.

Las verduras, tanto las crudas como las cocidas, se inscriben dentro del grupo neutro. Tratándose de una misma comida, la verdura -en forma de ensaladas y de crudités- resulta perfectamente combinable con los platos de proteínas y de hidratos de carbono, así como con los neutros. Sin embargo el tomate cocido supone una excepción, pues el proceso de cocción altera su estructura y sólo admite su combinación con productos alimentarios del grupo de las proteínas o del neutro.

Especias adecuadas

Las especias y las hierbas aromáticas procuran su 'punto' a las verduras. Las judías verdes despliegan todo su aroma con ajedrea fresca. El pepino armoniza a la perfección con eneldo. Personalmente

el hinojo me gusta condimentarlo con anís, cúrcuma y jengibre recién picados. Las coles de invierno resultan excelentes con nuez moscada recién rallada y el toque que aporta una corteza de limón. La berenjena y el calabacín se preparan con tomate, se redondean con ajo y se sazonan, al modo mediterráneo, con hierbas aromáticas frescas tales como tomillo, romero, orégano o ajo. La remolacha necesita comino, y el chucrut, además, bayas de enebro. El curry y la pimienta en polvo ponen una nota exótica en los potajes y souffles de verdura.

¡Cuidado con la compra!

Frescor y calidad son dos cualidades decisivas a la hora de comprar verduras. Y es que tanto el buen aroma como la mayor parte de vitaminas y sustancias vegetales secundarias sólo están presentes en las verduras frescas. La elección debe centrarse principalmente en los productos de temporada de cada región. La verdura de temporada por lo general procede en su mayor parte de cultivos al aire libre o ecológicos, y se oferta en los mercados semanales o se compra directamente al productor. No obstante, sólo hay que adquirir la cantidad necesaria para dos o tres días.

Verduras apetitosas

Una vez en casa, la mejor forma de conservar la verdura es en un lugar fresco y oscuro, pues tanto el calor como la luz o el oxígeno presentes en el aire alteran de forma negativa sus valiosas sustancias de contenido. La misma temperatura ambiente reduce en gran parte el índice de sustancias vitales. De ahí la recomendación de clasificar la

Mi sugerencia

Para ganar tiempo

Para ganar tiempo, las verduras que recoge este libro se pueden preparar en cantidad doble; después se congelan por raciones, lo que permite calentarlas con rapidez cuando se usen.
Una vez limpias y troceadas, las verduras se blanquean durante 2-3 minutos en abundante agua con sal. Pasado el tiempo se retiran, se remojan con agua muy fría y se escurren. En el momento de servir se calientan y acompañan con mantequilla de hierbas o salsa de nata, o, frías, se aliñan con una vinagreta de hierbas (receta p. 25).
Cuando no apetece cocinar y se desea comer algo fresco, lo más apropiado es tomar tal cual -con la mano- zanahorias, colinabo o pimiento crudos; obviamente, tras haberlos limpiado y lavado.

Cómo preparar la coliflor y el brécol

1 Separar un trozo de coliflor del tronco central, eliminando la parte verde. Hacer un corte en forma de cruz en el tronco si éste se va a cocer o estofar también.

2 Proceder del mismo modo con el brécol, separando o cortando éste en 'arbolitos'.

3 Pelar los tallos de brécol y, según la receta que preparemos, cortarlo en trozos pequeños (los tallos deben cocerse más tiempo que los 'arbolitos'.

verdura y conservarla aparte, según variedades, en el correspondiente compartimento del frigorífico.

Verduras congeladas

Las verduras congeladas representan una alternativa a las frescas, por lo que merece la pena comprobar la oferta existente en la sección especializada de supermercados y grandes superficies comerciales y hacerse con las provisiones adecuadas. La oferta es amplia, y hoy día prácticamente no hay diferencia de calidad entre la verdura congelada y la fresca, siempre, eso sí, que la cadena del frío no se 'rompa' y se mantenga a –18 °C. De optar por esta alternativa, hay que elegir variedades sin aditivos, como nata o mantequilla, y conservantes. Así mismo, debe evitarse la descongelación lenta: la verdura congelada se cuece directamente en una cacerola.

Variar la preparación de la verdura

La verdura es muy sensible y debe tratarse con suma delicadeza, aunque a la hora de prepararla admite toda clase de experimentos. Pruebe las siguientes formas de preparación y descubra personalmente la intensidad de aromas de las verduras.

Verdura a la papillote

La verdura a la papillote resulta deliciosa. En su elaboración, las siguientes verduras se tienen por las más apropiadas: **calabacín, berenjena, remolacha, hinojo, pepino, maíz, pimiento** y **tomate**. **Preparación**. Se recorta un trozo de papel de alu-

minio lo suficientemente grande, y el lado brillante se impregna con una capa fina de aceite. Una vez lavada y limpia, la verdura se coloca entera sobre el papel y se sazona a discreción. Se dobla el papel y se cierra por completo. Con el horno precalentado a 200 °C, el envuelto se cuece (en el centro, con el aire de circulación a 180 °C) unos 20-30 minutos, según la clase de verdura.

Verdura al grill

Esta preparación da excelentes resultados con **alcachofas pequeñas, berenjena, cebolla, pimiento, tomate** y **calabacín**. **Preparación**. Tras lavar y limpiar bien la verdura, se corta en láminas, tiras o rajas y se dispone sobre una bandeja de hornear. A continuación se rocía con aceite y se sazona con ajo, hojitas de orégano fresco o romero. Con el horno precalentado a 200 °C, o en el grill a su nivel máximo, se asa la verdura.

Verdura al wok

Para dejar la verdura al dente se recomienda usar el wok. Tan sólo hay que cortar previamente todas las verduras en trozos pequeños y, luego, saltearlas (así se llama este tipo de cocción rápida) en este utensilio. **Preparación**. Tras cortar la verdura en láminas, tiras o dados pequeños se calienta el wok y se vierte un poco de aceite dentro. Se pone la verdura, salteando primero los ingredientes más consistentes y luego los más tiernos. Se salpimenta, se sazona al gusto y continúa cociendo hasta dejarla lista para su consumo.

Zanahorias

Tiempo de preparación: 20 minutos

Para 2 personas (aprox., 120 kcal por ración):
400 g de zanahorias, 1 guindilla
1 cucharada de zumo de naranja
1 cucharada de mantequilla, 1 cucharada de miel
100 ml de marsala (sustituible por agua)
Sal, pimienta, 1/4 manojo de perejil

1. Limpiar, pelar y cortar las zanahorias en rodajas. Lavar la guindilla y hacerla aritos con o sin pepitas. Derretir la mantequilla y la miel y, sin dejar de revolver, rehogar 2-3 minutos la zanahoria en la mezcla.

2. Incorporar el marsala, agregar la guindilla, tapar y dejar que la zanahoria se haga 8-10 minutos. Sazonar con sal y pimienta.

3. Lavar el perejil, agitarlo hasta que seque y picarlo. Espolvorearlo sobre la verdura y servir.

Judías picantes

Tiempo de preparación: 30 minutos

Para 2 personas (aprox., 165 kcal por ración):
500 g de judías verdes, 30 g de tomate seco
1 cucharada de aceite de oliva
1 cucharadita de caldo de verduras vegetariano
1 cucharadita de sambal oelek
1/2 cucharadita de jengibre rallado fino
1 cucharadita de ajedrea seca

1. Lavar las judías, limpiarlas y cortarlas en trozos de unos 3 cm de longitud. Trocear el tomate.

2. Calentar el aceite y, a fuego lento, rehogar las judías sin dejar de revolver. Verter 100 ml de agua. Sazonar las judías con el caldo, el sambal oelek, el jengibre y la ajedrea. Tapar y estofar unos 20 minutos a fuego medio.

Puerros con manzana

Tiempo de preparación: 30 minutos

Para 2 personas (aprox., 135 kcal por ración):
500 g de puerros, 1 manzana poco ácida
1 cucharada de mantequilla, 1 cucharada de nata
1/8 l de caldo de verduras vegetariano
Sal marina, pimienta, 1 ramita de tomillo
1 cucharadita de pimentón picante

1. Limpiar los puerros, partirlos en sentido longitudinal, lavarlos bien y cortarlos en tiras finas. Lavar también la manzana, quitarle las pepitas y trocearla.

2. Derretir la mantequilla y rehogar en ella el puerro y la manzana. Verter el caldo, sazonar con sal, pimienta y tomillo, tapar y estofar el puerro 12-15 minutos. Agregar la nata. Espolvorear de pimentón y servir.

Col rizada

Tiempo de preparación: 25 minutos

Para 2 personas (aprox., 255 kcal por ración):
1 col rizada (800 g), 1 cebolla
2 cucharadas de pepitas de girasol
1 1/2 cucharadas de aceite de oliva
200 ml de caldo de verduras vegetariano
Sal marina, pimienta, 1 cucharadita de comino
Nuez moscada recién rallada
3 cucharadas de crema de soja

1. Limpiar la col rizada, partirla a la mitad, eliminarle el troncho, lavarla y cortarla en tiras. Pelar y picar la cebolla. Tostar las pepitas de girasol.

2. Calentar el aceite y pochar la cebolla. Añadir la col y rehogarla 3 minutos. Verter el caldo y hervir 20 minutos. Salpimentar, añadir comino y nuez moscada. Sin parar de revolver, incorporar la crema de soja. Repartir las pepitas de girasol.

Pepinos salteados

Tiempo de preparación: 15 minutos

Para 2 personas (aprox., 75 kcal por ración):
1 pepino grande, 1/2 manojo de eneldo
1 cucharada de aceite de girasol
sal de hierbas, 4 rodajas de limón

1. Pelar el pepino, cortarlo a lo largo, despepitarlo y trocearlo. Lavar y picar fino el eneldo. Calentar el aceite y, a fuego intenso, sofreír el pepino unos 5-8 minutos. Sazonar con sal y servirlo acompañado del eneldo y las rodajas de limón.

Lombarda con manzana

Tiempo de preparación: 40 minutos

Para 2 personas (aprox., 285 kcal por ración):
1 lombarda (500 g), 2 manzanas ácidas
1 cucharada de zumo de limón, 1 cebolla
2 cucharadas de grasa de ganso
200 ml de vino tinto, sal marina, 3 clavos
1 cucharada de nueces picadas

1. Limpiar y partir en cuartos la lombarda; quitarle el troncho y cortarla en tiras. Pelar y picar la cebolla. Lavar y partir en cuartos las manzanas; trocearlas y rociarlas con el zumo de limón.

2. Calentar el wok y derretir la grasa. Sofreír la cebolla, e incorporar la lombarda; dejar 5 minutos. Añadir el vino, la sal y los clavos. Tapar y estofar 10 minutos. Echar la manzana y estofar otros 10 minutos más. Retirar los clavos y distribuir por encima las nueces.

1 Lombarda con manzana

2 Puerros con manzana

3 Zanahorias

Zanahoria con tirabeques

Tiempo de preparación: 20 minutos

Para 2 personas (aprox., 290 kcal por ración):
350 g de tirabeques
400 g de zanahorias
1 cebolla pequeña
1 cucharada de mantequilla
2 cucharaditas de caldo de verduras vegetariano
1/2 manojo de perejil
4 cucharadas de nata

1. Lavar los tirabeques, limpiarlos y, si fuera preciso, quitarles los hilos. Limpiar, pelar y cortar las zanahorias en rodajas finas. Pelar también la cebolla y picarla muy fino.

2. A fuego lento, derretir la mantequilla en una cacerola y pochar la cebolla picada. Agregar los tirabeques y la zanahoria y sofreírlas un instante sin dejar de revolver. Verter 100 ml de agua y sazonar con el caldo. Tapar y cocer la verdura 10 minutos.

3. Mientras, lavar el perejil, agitarlo hasta que seque y picarlo. Sin parar de remover, mezclar la nata con la verdura y calentar la mezcla. Disponer la verdura en platos y servirla espolvoreada de perejil.

Colinabo rehogado con azafrán

Tiempo de preparación: 20 minutos

Para 2 personas (aprox., 95 kcal por ración):
3 colinabos tiernos
200 ml de caldo de verduras vegetariano
1 punta de azafrán en polvo
1/2 manojo de perejil
1 cucharada de mantequilla

1. Limpiar y pelar los colinabos; a continuación, partirlos en cuartos y cortarlos en rodajas finas.

2. En una cacerola, poner a hervir el caldo con el azafrán y, a fuego lento, cocer al dente las rodajas de colinabo durante 10 minutos.

3. Entre tanto lavar el perejil, agitarlo para que seque y reservarlo. Retirar las rodajas de colinabo del caldo y escurrirlas bien.

4. Derretir la mantequilla en una sartén y con el fuego a intensidad media sofreír la verdura por ambos lados. Servir con el perejil esparcido por encima.

Esta verdura va muy bien con **Asados a la vinagreta** (receta p. 118).

Estofado de tomates y calabacín

Tiempo de preparación: 20 minutos

Para 2 personas (aprox., 100 kcal por ración):
300 g de tomate, 350 g de calabacín
1-2 dientes de ajo, sal marina
1 cucharada de aceite de oliva
1/2 cucharadita de sambal oelek
2 cucharadas de nata agria
2 cucharadas de hojitas de perifollo

1. Quitar a los tomates la inserción del tallo y, tras escaldarlos, limpiarlos y cortarlos en trozos.

2. Lavar los calabacines, limpiarlos y cortarlos en daditos. Pelar el ajo.

3. Calentar a fuego fuerte el aceite en una sartén, agregar los trozos de calabacín y sofreírlos sin dejar de revolver. Prensar el ajo sobre ellos e incorporar los trozos de tomate.

4. Sazonar la verdura con la sal marina y el sambal oelek. Tapar y rehogar 10 minutos a fuego lento.

5. Mezclar la nata agria revolviendo y servir decorado con el perifollo.

Puré de berenjena

Tiempo de preparación: 35 minutos

Para 2 personas (aprox., 110 kcal por ración):
1 berenjena, 1-2 dientes de ajo, 2 tomates
1 cucharada de aceite de oliva
1 cucharadita de sambal oelek, 1 cebolla
1 cucharadita de pimentón dulce, sal marina
1 cucharadita de vinagre de jerez
1 cucharada de nata

1. Calentar el horno a 180 °C. Lavar la berenjena y los tomates, ponerlos en una bandeja de hornear y asarlos 20 minutos (en el centro, con el aire de circulación a 160 °C).

2. Pelar la cebolla y el ajo, y rallar fino la cebolla. Enfriar la berenjena y los tomates de repente, pelarlos y hacerlos puré por separado.

3. Calentar el aceite y pochar la cebolla a fuego lento. Añadir el puré de berenjena y el de tomate, en este orden. Sazonar con sal y sambal oelek. Tapar y cocer 5 minutos a fuego lento.

4. Apartar el puré, exprimir el ajo sobre él y sazonar con pimentón y vinagre. Mezclar la nata.

Variante:
Sustituyendo el tomate por vinagre de jerez, este plato de proteínas se convierte en neutro. Con una barra pequeña de pan integral tostada se logra un plato de hidratos de carbono.

Pimientos al horno

Tiempo de preparación: 10 minutos
Tiempo de cocción: unos 15 minutos

Para 2 personas (aprox., 135 kcal por ración):
1 pimiento amarillo
2 pimientos rojos
1-2 dientes de ajo
2 cucharadas de aceite de oliva
Sal marina
2 ramitas de perejil liso

1. Calentar el horno a 200 °C. Partir los pimientos a la mitad, limpiarlos, lavarlos y, una vez cortados en tiras anchas, disponerlos sobre una bandeja de hornear.

2. Pelar el ajo y laminarlo fino. Rociar las tiras de pimiento con aceite, sazonarlas con un poco de sal marina y poner las láminas de ajo encima.

3. Asar el pimiento (en el centro del horno, con el aire de circulación a 180 °C) durante 10-15 minutos, dándole la vuelta de vez en cuando. Mientras, lavar el perejil, agitarlo hasta que seque y partirlo en ramitas más pequeñas.

4. Disponer las tiras de pimiento sobre una fuente caliente, adornarlas con perejil y servir.

Variante:
Para las tiras de pimiento marinadas, se revuelven y mezclan con la batidora de varillas 3 cucharadas de aceite de oliva prensado en frío, 3 cucharadas de agua, sal marina, 1 cucharada de hojitas de orégano frescas y 1 cucharadita de hojitas de romero picadas; después, se unta sobre el pimiento. Las tiras de pimiento se asan en el horno, como se señala en la receta, y se sirven.
En este plato es preciso utilizar todas las variedades de pimiento, es decir, además del rojo y del amarillo, el verde y el naranja, y, en ocasiones, hasta el morado.

Puerros con cebolla

Tiempo de preparación: 20 minutos

Para 2 personas (aprox., 110 kcal por ración):
300 g de cebollas, 2 puerros de tamaño mediano
2 bayas de enebro, 3 clavos
1 cucharada de aceite de girasol
1 cucharadita de caldo de verduras vegetariano
Sal de hierbas, sal de ajo
2 cucharadas de nata agria

1. Pelar las cebollas y trocearlas formando aros finos. Limpiar los puerros, partirlos en sentido longitudinal, lavarlos bien y cortarlos en tiras delgadas.

2. Machacar las bayas de enebro en el almirez o con el extremo del mango del cuchillo.

3. Calentar el aceite en una cacerola y sofreír a fuego medio los aros de cebolla. Incorporar luego el puerro y sofreírlo conjuntamente. Sazonar la verdura con el caldo, la sal de hierbas, la sal de ajo, los clavos y las bayas de enebro.

4. Cortar la preparación con 100 ml de agua, tapar y, a fuego lento, prolongar la cocción de la verdura unos 10 minutos. Retirar los clavos y mezclar la nata con la cebolla y el puerro.

Mi sugerencia

Ventajas de las liláceas

El ajo, la cebolla, el puerro y el cebollino son liliáceas y contienen principios activos sulfurosos; es decir, sulfuros que determinan su sabor y su olor. Los radicales libres (partículas de oxígeno agresivas) que aportan, protegen frente a todo tipo de enfermedades cardiovasculares, trastornos digestivos y deterioros celulares.

Apio con cebolleta

Tiempo de preparación: 20 minutos

Para 2 personas (aprox., 130 kcal por ración):
500 g de apio de pencas
1 manojito de cebolletas
1 cucharada de mantequilla
1/8 l de caldo de verduras vegetariano
Nuez moscada recién rallada
1/2 manojo de perejil
3 cucharadas de nata

1. Lavar el apio, limpiarlo y, si fuera necesario, retirarle los hilos. Cortar las pencas en rodajas finas.

2. Limpiar las cebolletas, lavarlas y cortarlas en diagonal formando aros finos.

3. Derretir la mantequilla en una cacerola y sofreír la cebolleta a fuego medio. Agregar las rodajas de apio y sofreírlas a la vez, sin dejar de remover, durante 2 minutos.

4. Verter el caldo, sazonar con una punta de nuez moscada, tapar y cocer a fuego lento otros 12 minutos.

5. Lavar el perejil, agitarlo hasta que seque y picarlo. Incorporar la nata. Servir la verdura espolvoreada de perejil.

1 Pimientos al horno

2 Puerros con cebolla

3 Apio con cebolleta

Verduras

Verduras asiáticas salteadas

Tiempo de preparación: 30 minutos

Para 2 personas (aprox., 385 kcal por ración):
250 g de brécol, 1 puerro pequeño
100 g de setas shiitake (o pleurotos)
1 pimiento rojo, 1 pimiento amarillo
100 g de brotes de soja, 1 cebolla
1 trozo de jengibre fresco (del tamaño de una
  avellana)
1 cucharada de aceite de sésamo
40 g de anacardos, sal de hierbas
2-3 cucharadas de salsa de soja

1. Lavar, limpiar y partir el brécol formando ramilletes. Retirar los tronchos de éstos y laminar. En agua con un poco de sal cocer a fuego medio el brécol, dejándolo unos 5 minutos hasta que esté al dente. Retirarlo luego y dejar escurrir.

2. Limpiar los puerros, cortarlos en sentido longitudinal y, bien lavados, hacer tiras con ellos. Frotar las setas, retirarles los tallos y laminar los sombreretes. Partir a la mitad los pimientos, limpiarlos, lavarlos y cortarlos en trocitos.

3. Una vez limpios y lavados, dejar que los brotes de soja escurran. Pelar la cebolla y el jengibre. Cortar la cebolla en rodajas finas y picar el jengibre.

4. Poner el wok al fuego y una vez caliente echar el aceite. Cuando éste último haya calentado también, sofreír la cebolla y el jengibre hasta que ablanden. Añadir el puerro, las setas, los trozos de pimiento y los anacardos y, a fuego medio, saltear unos 5-8 minutos hasta que la verdura esté al dente. Incorporar el brécol y los brotes de soja y mantener todo caliente. Servir sazonado todo con salsa de soja y sal de hierbas.

Variante:
Este plato, acompañado de arroz, se incluye en el grupo de los de hidratos de carbono. Con 150 g de muslo de pavo cortado en tiras, deja de ser neutro para convertirse en un plato proteínico.

Verduras con salsa de queso fresco

Tiempo de preparación: 25 minutos

Para 2 personas (aprox., 235 kcal por ración):
300 g de espárragos, 250 g de zanahorias
500 ml de caldo de verduras vegetariano
1 cucharada de mantequilla
100 g de guisantes (congelados)
Para la salsa:
100 g de brécol, 2 ramitas de perejil
100 g de yogur natural (3,5% de materia grasa)
Sal de hierbas, 100 g de queso fresco de hierbas

1. Lavar y limpiar los espárragos, pelarles el tercio inferior, quitarles si fuera necesario los extremos leñosos y cortarlos en trozos de unos 4 cm de largo. Limpiar las zanahorias, pelarlas y hacer con ellas rodajas finas.

2. Poner a hervir el caldo y agregar los espárragos; tapar y dejar que hiervan 15 minutos a fuego lento. Derretir la mantequilla en otra cacerola aparte y sofreír las zanahorias y los guisantes, sin descongelar, a fuego medio. Retirar un poco del caldo de los espárragos y verterlo. Tapar la verdura y estofarla 15 minutos más a fuego lento.

3. Mientras, para elaborar la salsa lavar el brécol, limpiarlo y partirlo en ramilletes pequeños. Acompañar el yogur, el queso fresco de hierbas y la sal marina y reducir todo a crema con la ayuda de la batidora. Si fuera necesario, aclarar con una pequeña cantidad de caldo de espárragos. Lavar el perejil, agitarlo hasta que seque y reservarlo.

4. Retirar los espárragos del caldo con una espumadera, escurrirlos y disponerlos en una fuente junto con la zanahoria y los guisantes. Extender la salsa sobre la verdura y adornar con perejil.

Brécol con salsa de orégano y aceitunas

Tiempo de preparación: 20 minutos

Para 2 personas (aprox., 215 kcal por ración):
600 g de brécol
1 cebolla pequeña
60 g de aceitunas negras sin hueso
1 cucharada de aceite de sésamo
100 ml de caldo de verduras vegetariano
1 cucharadita de orégano seco
2 cucharadas de nata
2 cucharaditas de almendra fileteada
Sal marina

1. Lavar el brécol, limpiarlo y partirlo en ramilletes pequeños; pelar los tallos. Cocer los ramilletes y los tallos, dejándolos 12 minutos en agua hirviendo hasta que estén al dente. Retirar y escurrir bien el brécol.

2. Para la salsa, pelar la cebolla y picarla. Picar también las aceitunas. Calentar el aceite y pochar los trocitos de cebolla a fuego lento.

3. Verter el caldo y sazonar con orégano. Añadir las aceitunas y reducir ligeramente la salsa a fuego medio. Retirar la cacerola del fuego e incorporar la nata a la salsa, rectificando con sal marina si fuera preciso.

4. Dorar la almendra en una sartén antiadherente y luego reservarla.

5. Extender la salsa sobre el brécol y servirlo junto con la almendra fileteada.

1 Verduras asiáticas salteadas
2 Verduras con salsa de queso fresco
3 Brécol con salsa de orégano y aceitunas

Sopa de tomate y pimiento

Tiempo de preparación: 30 minutos

Para 2 personas (aprox., 150 kcal por ración):
1 chalota pequeña, 1 pimiento rojo, 2 tomates
1 trocito de apio, 60 ml de vino tinto seco
1 cucharada de aceite de oliva
1/4 l de caldo de verduras vegetariano
1 cucharadita de tomillo seco, 1 cucharadita de orégano seco, 1 cucharadita de romero molido
1/2 cucharadita de pimienta de Cayena
1 cucharadita de pimentón picante
2 cucharadas de parmesano recién rallado

1. Pelar y picar la chalota. El pimiento partirlo a la mitad, lavarlo y trocearlo. Quitar el tallo a los tomates, escaldarlos, pelarlos, despepitarlos y picarlos. Pelar el apio y cortarlo en trocitos.

2. Calentar el aceite y sofreír la chalota hasta que esté tierna y transparente. Agregar la verdura y sofreírla 5 minutos removiendo sin parar. Cortar con el vino tinto y verter el caldo. Tapar y dejar que hierva 12 minutos a fuego lento.

3. Añadir tomillo, orégano, romero, pimienta de Cayena y pimentón, el parmesano y servir.

Sopa de brécol y queso

Tiempo de preparación: 25 minutos

Para 2 personas (aprox., 80 kcal por ración):
200 g de brécol, 20 g de queso fundido
400 ml de caldo de verduras vegetariano
2 cucharadas de perejil picado

1. Lavar el brécol, limpiarlo y partirlo en ramilletes, reservar algunos para adornar. Pelar los

tronchos y trocearlos. Cocer el brécol en el caldo y dejar hervir 15-18 minutos a fuego lento.

2. Añadir el queso fundido y diluirlo. Reducir la sopa 3 minutos, hasta que resulte una crema espumosa. Poner en el centro el resto de los ramilletes de brécol, espolvorear de perejil y servir.

Sopa de verduras

Tiempo de preparación: 25 minutos

Para 2 personas (aprox., 125 kcal por ración):
1 manojo de hortalizas de sopa
1 cucharada de mantequilla
2 hojitas de levística, pimienta de Cayena
350 ml de caldo de verduras vegetariano
2 cucharadas de perejil picado

1. Lavar las hortalizas, limpiarlas y picarlas.

2. Calentar la mantequilla y sofreír las hortalizas sin dejar de revolver. Sazonar con la levística y pimienta de Cayena, verter el caldo y hervir 15 minutos a fuego lento. Espolvorear de perejil y servir.

Sopa de albahaca y queso fresco

Tiempo de preparación: 25 minutos

Para 2 personas (aprox., 110 kcal por ración):
1 manojo de albahaca, 1 cebolla pequeña
1 cucharada de mantequilla
50 g de queso fresco de hierbas
350 ml de caldo de verduras vegetariano

1. Lavar la albahaca y agitarla hasta que seque; luego, arrancar las hojitas y reservar algunas. Picar el resto. Pelar y picar la cebolla.

2. Calentar la mantequilla y pochar a fuego lento la cebolla picada. Agregar el queso fresco y la

albahaca y revolver hasta que el queso empiece a fundirse.

3. Verter el caldo y, sin tapar, dejar que hierva durante 5 minutos a fuego medio. Reducir la sopa a crema y servirla adornada con las hojas de albahaca restantes.

Sopa de pasta

Tiempo de preparación: 25 minutos

Para 2 personas (aprox., 115 kcal por ración):
25 g de pasta de sopa
1 zanahoria
1 cucharadita de mantequilla
400 ml de caldo de verduras vegetariano
1 punta de azafrán en polvo
1 cucharada de levística picada
Sal marina

1. Poner a hervir agua con sal y, siguiendo las instrucciones del envase, cocer en ella la pasta hasta que esté al dente. Pasarla a un colador y dejar que escurra.

2. Limpiar la zanahoria, pelarla y hacerla rodajas. Calentar la mantequilla y sofreír las rodajas de zanahoria sin parar de revolver. Verter encima el caldo, acompañar el azafrán y dejar que hierva 10 minutos a fuego lento

3. Incorporar la pasta, esperar a que caliente y espolvorear de levística antes de servir.

1 **Sopa de tomate y pimiento**

2 **Sopa de brécol y queso**

3 **Sopa de pasta**

Crema de puerros

Tiempo de preparación: 25 minutos

Para 2 personas (aprox., 190 kcal por ración):
1 cebolla pequeña
1 patata (100 g)
1 puerro
1 cucharada de mantequilla
400 ml de caldo de verduras vegetariano
Pimienta de Cayena
4 cucharadas de nata
1/2 cajita de berros

1. Pelar y picar la cebolla. Lavar la patata, pelarla y trocearla. Limpiar el puerro, cortarlo de forma longitudinal, lavarlo bien y hacerlo tiras.

2. Derretir la mantequilla y pochar en ella los trocitos de cebolla. Agregar los trozos de patata y rehogarlos sin dejar de revolver. Mezclar el puerro y cortar con el caldo. Sazonar con una punta de pimienta de Cayena.

3. Tapar y dejar que hierva todo junto 15 minutos a fuego lento.

4. Reducir la sopa a crema, incorporarle la nata y calentarla. Cortar los berros y disponerlos extendidos sobre la crema.

Batido de suero de mantequilla con perifollo

Tiempo de preparación: 10 minutos

Para 2 vasos (aprox., 65 kcal por vaso):
1/2 manojito de perifollo
380 ml de suero de mantequilla
80 ml de agua mineral
Sal marina

1. Lavar el perifollo, agitarlo hasta que seque y reservar 2 ramitas.

2. Arrancar las hojitas del perifollo restante. Luego, con la batidora a intensidad máxima, reducirlo a crema junto con el suero de mantequilla, el agua mineral y la sal marina.

3. Pasar el resultado a dos vasos, adornar con perifollo y servir.

Variante:
Servida bien fría, esta bebida puede hacer las veces de una refrescante sopa estival. En este caso se prescinde del agua mineral y se usa 1/2 pepino rallado y, según el gusto, 1 diente de ajo aplastado. La sopa fría también resulta excelente con daditos de pan tostados. Unas gotas de tabasco o un poco de pimentón picante la hacen más interesante.

Batido de yogur y pepino

Tiempo de preparación: 10 minutos

Para 2 vasos (aprox., 100 kcal por vaso):
1 trozo de pepino (de unos 10 cm)
1/2 manojito de eneldo
300 g de yogur natural (3,5% de materia grasa)
100 ml de agua mineral, sal de ajo

1. Pelar el pepino, partirlo a lo largo en dos mitades, despepitarlo y lavarlo. Lavar el eneldo, agitarlo hasta que seque y reservar dos ramitas.

2. Deshojar el eneldo y batirlo con el pepino, el yogur, el agua mineral y la sal de ajo. Pasar el batido a dos vasos y servirlo adornado con el eneldo.

Mi sugerencia

El pepino lo tiene todo

El pepino elimina el agua del organismo, alivia problemas de corazón, reduce la presión sanguínea, estimula las funciones de hígado e intestino, equilibra la secreción biliar, es depurativo y desintoxicante y activa el metabolismo.El zumo de pepino palía los sofocos de la menopausia.

Batido de tomate y apio

Tiempo de preparación: 15 minutos

Para 2 vasos (aprox., 20 kcal por vaso):
350 g de tomates maduros
1 ramita de apio de pencas
Sal marina
Pimienta de Cayena

1. Poner a hervir 150 ml de agua. Lavar los tomates, partirlos a la mitad y hervirlos durante 5 minutos. Retirar los tomates del agua y dejarlos enfriar.

2. Lavar el apio, limpiarlo y reservar parte de sus hojas para adornar. Cortarlo luego en rodajas de unos 2 cm de ancho. Reducirlo a crema con el tomate y colar el resultado.

3. Sazonar con sal marina y una punta de pimienta de Cayena y servir el batido adornado con las hojas de apio.

Variante:
El batido tendrá un sabor mucho más vivo si se añade 1/2 cucharadita de tomillo y 6 hojitas de albahaca.

Patatas

El misterio de una alimentación sana reside en la variedad y el equilibrio. Por responder a estos requisitos y ser variada y rica en sustancias nutritivas, la patata forma parte del extenso menú de la dieta disociada. En las páginas que siguen se ofrece una nueva y particular visión de este tubérculo. Hecha al horno con piel, como crema fría, en puré o gratinada, la patata no deja de sorprender e inspirar creaciones originales.

Recetas de patata

Bajo una piel fina y parda las patatas ocultan pocas calorías, pero muchas sustancias minerales y vitamina C. La cocida, además de fácil de digerir y depurativa, fija los ácidos al organismo.

Preparada en su versión light, es decir, cocida en agua con sal o con su piel, la patata es un alimento básico ideal, susceptible de ser preparada de múltiples formas con tan sólo poner un poco de imaginación. Se incluye en el grupo de los hidratos de carbono y combina con muchos otros alimentos.

La patata combina con:

Mantequilla, aceite, mayonesa (elaborada con aceites de calidad), margarina dietética, yemas de huevo, nata, nata agria, suero de mantequilla, kéfir, yogur, leche agria bebible, quark (con cualquier índice de materia grasa), queso fresco, camembert (60% de materia grasa), queso de corte (60% de materia grasa), por ejemplo gouda de nata, quesos duros y blandos de leche cruda a partir de 45% de materia grasa, por ejemplo emental y gruyer, manzana reblandecida, pescado y carne crudos (arenque, caviar, salmón marinado, filete tártaro, jamón crudo, salami).

Acelga, achicoria, aguacate, ajo, alcachofa, apio, berenjena, berza, brécol, brotes y gérmenes, calabacín, cebolla, chucrut, col china, col rizada, coles de Bruselas, coliflor, colinabo, ensaladas de hoja, espárragos, espinacas, frutos secos, guisantes verdes, hinojo, judías verdes, lombarda, maíz fresco, pepino, pepitas de calabaza y girasol, pimientos, piñones, puerros, rabanitos, rábano, remolacha, setas, tomates crudos, zanahoria.

Cerveza, enebro, granos.

Especias apropiadas

Ajedrea, curry en polvo, mejorana, nuez moscada, rábano picante, romero, orégano, hierbas provenzales, pimienta, pimentón picante, ajo de oso, ajo, comino, perejil cebollino, eneldo, perifollo, tomillo, levística, berros, acedera, rucola, cebolla, laurel.

Cocción adecuada

Si hay que hacerlo, la patata se pela antes de su cocción y se cuece al vapor. La piel sirve de protección a las muchas sustancias nutritivas existentes bajo ella, por lo que se recomienda cocer la patata sin pelar. Se lava bajo un chorro de agua y se cuece al vapor con poca agua. Un recipiente especial perforado, facilita la cocción al vapor.

Patatas por la vía rápida

En ocasiones la comida hay que hacerla muy rápido y, además, sólo con los productos disponibles en casa. ¿Qué se puede hacer con unas patatas cocidas con su piel y algunos 'extras' más?

Mantequilla con ajo

Para 5-6 personas: aplastar **100 g de mantequilla blanda**, pelar **1-2 dientes de ajo** y exprimirlos sobre ella. Amasar la mezcla con **sal** y **tomillo**. Va muy bien con *patatas cocidas sin pelar, pasta, carne o pescado.*

Salsa de ajo verde

Para 6 personas: pelar **4 dientes de ajo** y machacarlos con **1 cucharadita de sal**. Picar **1 manojo de perejil.** Batir **1/4 l de aceite de oliva**, dejándolo caer poco a poco. Añadir el perejil. Indicado para *patata, pasta, carne, pescado.*

Crema fría de rucola

Para 4 personas: lavar y escurrir **1 manojo de rucola**. Preparar una crema con **100 g de nata agria** y **150 g de kéfir**. Rectificar con **sal** de **ajo**. Va muy bien con *patata, pasta, carne o pescado y utilizada como aliño de ensaladas.*

Diversos tipos

La patata se distingue por su época de maduración, recolección, forma, sabor y características de cocción. Teniendo en cuenta éstas últimas, se habla de patatas de cocción firme (tienden a ser alargadas). Las patatas de forma más o menos redondeada son de cocción predominantemente firme o de cocción harinosa. La realización de una receta de patatas con final feliz depende del tipo de cocción, de ahí la necesidad de comprar sólo el tipo de patata de nuestra predilección.

El tipo de *cocción firme* mantiene su forma mientras dura el proceso de cocer, asar o freír. Es el más indicado para los platos en los que no interesa que el tubérculo se deshaga: para la ensalada de patatas, las patatas cocidas, las patatas cocidas con su piel o las patatas salteadas. Variedades: *cilena, exquisa, forelle, hansa, linda, nicola, selma, sieglinde.*

El tipo de *cocción predominantemente firme* permanece, a pesar de su alto contenido en fécula, sin deshacerse en la cocción. Se usa para hacer rösti (tortilla delgada y dorada), patatas fritas, gratinadas, cocidas, cocidas con su piel o al grill. Variedades: *agria, arkula, berber, christa, desirée, gloria, granola, liu, quarta, roxy, secura, solina, ukama.*

El tipo de *cocción harinosa* supone un alto índice de contenido en fécula, resulta más bien seco y la patata se deshace ligeramente. Son variedades muy apropiadas para sopas y potajes, purés, albóndigas, croquetas o ñoquis. Variedades: *adretta, aula, irmgard, likaria.*

El marginado tupinambo

De aspecto similar al girasol, esta especie se recolecta en otoño y a principios de invierno. Sus tubérculos, muy sabrosos y ricos en sustancias nutritivas, se pueden adquirir en el mercado europeo, aunque su uso aún no está muy extendido. Tienen un sabor muy suave y dulce, y se emplean rallados en crudo para hacer sopas o cortados en rodajas como si fueran patatas salteadas. Prácticamente no contienen fécula, por lo que en la dieta disociada en vez de en el grupo de hidratos de carbono aparecen en el de los alimentos neutros. Para familiarizarse, lo mejor es prepararlo como la patata temprana o realizar las recetas siguientes:

Tupinambo a la papillote

Va bien como guarnición de platos de pescado.
Preparación. Recortar un trozo lo suficientemente grande de papel de aluminio y untar de aceite la parte brillante. Lavar el tupinambo, colocarlo entero sobre el papel de aluminio, doblarlo y cerrarlo bien. Precalentar el horno a 200 °C y cocerlo (en el centro, con el aire de circulación a 180 °C) durante 30 minutos.

Ensalada de tupinambo con mandarina

Para el aliño, pelar y trocear **2 mandarinas** y **1 manzana ácida**. Exprimir **1 mandarina**, y -sin parar de remover- mezclar su zumo con **100 g de yogur natural** (3,5% de materia grasa) y **5 cucharadas de nata**. Sazonar con **1 cucharada de jarabe de pera**, **1 cucharadita de zumo de limón** y **1/2 cucharadita de jengibre** recién rallado; incorporar los trozos de fruta. Lavar **150 g de tupinambo** con agua; pelar, rallar y mezclar con el aliño. Servir en dos platos y extender **1 1/2 cucharadas de avellanas picadas**.

Patatas y manzanas con hierbas aromáticas

Tiempo de preparación: 40 minutos

Para 2 personas (aprox., 520 kcal por ración):
400 g de patatas
2 manzanas reblandecidas
1 cebolla grande
250 g de tomates cherry
1 manojo de albahaca
4 cucharadas de aceite de oliva
Sal de hierbas aromáticas
2-3 cucharaditas de hierbas provenzales
300 g de chucrut
5 bayas de enebro
80 g de queso de oveja

1. Lavar las patatas y cocerlas con su piel durante 20 minutos. Quitarles el agua y dejar que se enfríen; luego, pelarlas y cortarlas en dados.

2. Bien lavadas, partir las manzanas en cuartos, descorazonarlas y trocearlas. Pelar la cebolla y cortarla en aros. Lavar los tomates y partirlos por la mitad. Lavar la albahaca, agitarla hasta que seque y picarla.

3. Calentar el aceite en dos sartenes: en una de ellas sofreír los trozos de manzana y de cebolla hasta oscurecerse, revolviendo constantemente a fuego medio; en la otra, freír las patatas también a fuego medio- hasta que estén bien doradas. Sazonar con las hierbas provenzales y la sal de hierbas.

4. Tras agregar el chucrut y las bayas de enebro a la mezcla de manzanas y cebolla, calentar la mezcla revolviendo de vez en cuando.

5. Incorporar las patatas salteadas y desmenuzar sobre ellas el queso de oveja. Servir adornado todo con los tomates y la albahaca.

Como entrante, **Lechuga iceberg con nata agria** (receta p. 32).

Patatas en salsa con espárragos verdes

Tiempo de preparación: 30 minutos

Para 2 personas (aprox., 880 kcal por ración):
400 g de patatas nuevas pequeñas
Sal marina
600 g de espárragos verdes
1 cucharada de tomillo fresco
80 g de camembert (60% de materia grasa)
Para la salsa:
1 manojito de perejil
2 dientes de ajo
15 almendras
1 cucharada de semillas de sésamo
100 ml de aceite de oliva prensado en frío
Sal marina
1 cucharadita de vinagre de sidra

1. Lavar y limpiar bien las patatas con un cepillo. De seguido, cortarlas a lo largo en cuartos y cocerlas a medias con su piel en agua con un poco de sal. Quitarles el agua y escurrirlas.

2. Lavar los espárragos y dejarlos limpios. Pelarles su tercio inferior, retirarles el extremo leñoso si fuera necesario y cortarlos en trozos de 3-4 cm de longitud.

3. Para la salsa, lavar el perejil, agitarlo hasta que seque y deshojarlo. Pelar el ajo. Hacer una crema con ambos y acompañar las almendras, las semillas de sésamo, el aceite, la sal y el vinagre de sidra.

4. Calentar 2 cucharadas de salsa en otras tantas sartenes: en una de ellas sofreír las patatas, y en la otra dorar los trozos de espárrago a fuego vivo. Mezclar los espárragos con las patatas y sazonar la mezcla con tomillo.

5. Cortar el camembert menudo, disponer los trozos sobre las patatas, dejar que se fundan un poco y servir directamente.

Como entrante, **Lechuga repolluda con vinagreta de hierbas** (receta p. 32).

Patatas salteadas con judías y queso fresco de cabra

Tiempo de preparación: 30 minutos

Para 2 personas (aprox., 570 kcal por ración):
400 g de patatas, 600 g de judías verdes
1 cebolla, 200 g de champiñones
1 manojo de cebolletas
1 cucharada de mantequilla
1 cucharada de ajedrea seca
50 ml de caldo de verduras vegetariano
3 cucharadas de aceite de girasol, sal de hierbas
1 cucharadita de pimentón picante
100 g de queso fresco de cabra

1. Lavar y cocer 20 minutos las patatas sin pelar. Quitarles el agua y, ya frías, pelarlas y cortarlas en dados de 1 cm de lado. Lavar y limpiar las judías, quitarles los hilos si fuera necesario y cortarlas en trozos de 3 cm de largo. Pelar y picar la cebolla. Limpiar los champiñones, rasparlos y laminarlos. Limpiar y lavar las cebolletas, trocear la parte blanca y hacer aros la parte verde.

2. Calentar la mantequilla en una sartén antiadherente y, a fuego medio, sofreír en ella la cebolla picada y los champiñones laminados. Tras agregar las judías y la ajedrea, rehogar todo 12-15 minutos revolviendo con frecuencia. Añadir u poco de caldo.

3. Calentar el aceite en una sartén y pochar la cebolleta a fuego medio. Agregar los trozos de patata y freírlas bien a fuego vivo, removiéndolas de vez en cuando. Sazonar con sal las patatas salteadas y espolvorearlas de pimentón.

4. Distribuir el queso sobre las judías y dejar que se funda ligeramente. Servirlas con las patatas salteadas.

1 Patatas salteadas con judías y queso fresco de cabra
2 Patatas y manzanas con hierbas aromáticas
3 Patatas en salsa con espárragos verdes

Croquetas con estofado de setas

Tiempo de preparación: 1 hora

Para 2 personas (aprox., 785 kcal por ración):
1,5 kg de patatas de cocción harinosa
Sal marina, 1 cucharada de suero de mantequilla
1/2 panecillo integral, 1 cebolla, 1 puerro
1 cucharada de mantequilla, 3 ramitas de perejil
300 g de setas silvestres (o champiñones)
1 cucharada de mantequilla, 100 g de nata
1 cucharada de caldo de verduras vegetariano
1 cucharadita de mejorana seca
1 punta de pimienta de Cayena

1. Lavar y pelar las patatas y trocear una tercera parte, cocer los trozos en agua 12 minutos y, por último, aplastarlos en el agua de cocción.

2. Rallar el resto de las patatas crudas, exprimirlas sobre un paño y dejar que el jugo recogido repose hasta que la fécula se deposite en el fondo. Sazonar con sal las patatas exprimidas.

3. Mezclar el puré de patata caliente con el suero de mantequilla. Verter el agua de cocción de las patatas sobre la fécula depositada e incorporar a la masa -sin dejar de amasar- la mitad de ésta, que no deberá estar demasiado blanda.

4. Partir el panecillo en trocitos. Calentar la mantequilla y, a fuego medio, freír el panecillo hasta dorarse. Hacer con la masa 6 croquetas, poniendo en el centro los trocitos de pan.

5. Limpiar y picar las setas. Pelar y picar la cebolla. Limpiar y lavar el puerro, cortarlo de forma longitudinal en cuartos, lavarlo y trocearlo. Calentar la mantequilla y pochar la cebolla. Agregar las setas, el puerro y un poco de sal. Dorar 10 minutos, sin dejar de revolver.

6. Mezclar el caldo y la nata y reducir un poco la mezcla. Sazonar con mejorana y pimienta de Cayena.

7. Poner a hervir agua y mezclar el resto de la fécula. Sin tapar, dejar que las croquetas se hagan 30 minutos a fuego lento. Servir con el estofado de setas y con perejil como adorno.

Variante:
Las croquetas que sobren se pueden congelar; en el momento de su consumo, se cortan en rodajas y se doran en mantequilla. Se acompañan de Lombarda con manzana (receta p. 41).

Patatas y manzanas gratinadas

Tiempo de preparación: 35 minutos
Tiempo de cocción: unos 30 minutos

Para 2 personas (aprox., 605 kcal por ración):
400 g de patatas pequeñas, sal marina
2 manzanas reblandecidas
2 ramitas de mejorana, 125 g de mozzarella
150 ml de caldo de verduras vegetariano
150 g de nata
1/2 cucharadita de pimentón picante

1. Lavar las patatas, limpiarlas con un cepillo y cocerlas 20 minutos sin pelar. Quitarles el agua y cuando enfríen un poco pelarlas y cortarlas en rodajas finas. Precalentar el horno a 175 ºC.

2. Lavar y partir las manzanas en cuartos. Pelarlas, despepitarlas y laminarlas fino.

3. Sobre un molde refractario plano, colocar las patatas y la manzana en forma de teja. Lavar la mejorana, secarla y deshojarla.

4. Mezclar el caldo con la nata. Sazonar las patatas con la mejorana y el pimentón.

5. Escurrir la mozzarella, trocearla y distribuirla por igual sobre la patata y la manzana. Gratinar (en el centro del horno, con el aire de circulación a 180 ºC) durante 30 minutos.

Como guarnición, **Zanahorias** (receta p. 40).

Verduras y patatas gratinadas

Tiempo de preparación: 30 minutos
Tiempo de cocción: unos 30 minutos

Para 2 personas (aprox., 675 kcal por ración):
400 g de patatas pequeñas, 1 cebolla grande
600 g de zanahorias, 200 g de guisantes
1 cucharada de mantequilla, 250 g de nata agria
50 g de nata, sal marina
80 g de camembert (60% de materia grasa)
1 cucharada de tomillo recién picado
1/2 cucharadita de pimienta de Cayena

1. Lavar las patatas, limpiarlas bien con un cepillo y cocerlas 20 minutos sin pelar. Quitarles el agua, pelarlas una vez se enfríen un poco y trocearlas menudo.

2. Pelar, picar la cebolla. Limpiar, pelar y trocear las zanahorias. Precalentar el horno a 175 ºC.

3. Calentar la mantequilla y, a fuego medio, revolver 3 minutos hasta rehogar la cebolla y la zanahoria. Agregar los guisantes sin descongelar, tapar y rehogar todo otros 8 minutos.

4. Mezclar las patatas con la verdura y pasar la mezcla a una fuente refractaria.

5. Mezclar y revolver la nata agria, la nata y 200 ml de agua. Trocear el camembert e incorporarlo revolviendo con un poco de sal, tomillo y pimienta de Cayena. Extender la mezcla sobre la verdura. Cubrir el molde con papel de aluminio y gratinar (en el centro del horno, con el aire de circulación a 150 ºC) durante 15 minutos. Retirar el papel de aluminio y continuar gratinando hasta dorar todo 15 minutos más.

1 Croquetas con estofado de setas

2 Patatas y manzanas gratinadas

3 Verduras y patatas gratinadas

'Souffle' de patatas y espinacas

Tiempo de preparación: 1 hora
Tiempo de cocción: unos 30 minutos

Para 2 personas (aprox., 665 kcal por ración):
400 g de patatas pequeñas de cocción firme
200 g de cebollas blancas, 120 g de nata
150 ml de caldo de verduras vegetariano
Azafrán en polvo, 3 cucharadas de nata agria
80 g de camembert (60% de materia grasa)
Mantequilla para el molde
Para las espinacas:
600 g de espinacas frescas, 1 cebolla pequeña
1 diente de ajo, sal de hierbas
1 cucharada de aceite de girasol

1. Lavar las patatas y cocerlas sin pelar por espacio de 20 minutos. Quitarles el agua, pelarlas una vez enfríen un poco y cortarlas en rodajas finas. Pelar y hacer las cebollas aros finos.

2. Precalentar el horno a 180 ºC. Untar con mantequilla un molde refractario y colocar las rodajas de patata y los aros de cebolla.

3. Mezclar y revolver el caldo con azafrán, nata y nata agria. Extender la mezcla sobre las patatas. Cortar en trocitos el camembert y distribuirlo por encima. Gratinar (en el centro del horno, con el aire de circulación a 160 ºC) 30 minutos.

4. Lavar las espinacas, quitarles los tallos duros y picarlas. Pelar y picar el ajo y la cebolla. Calentar el aceite en una sartén con tapa y rehogar todo a fuego lento.

5. Incorporar las espinacas, sofreírlas removiendo, tapar y terminar de hacerlas. Sazonar las espinacas con sal y servirlas con el souffle.

Variante:
Las patatas al horno se hacen rápidamente si antes se cuecen 12 minutos en un poco de agua; después se les quita el agua, se colocan sobre una bandeja de hornear y se cuecen unos 20 minutos.

Patatas rellenas al horno

Tiempo de preparación: 50 minutos

Para 2 personas (aprox., 395 kcal por ración):
2 patatas grandes, 200 g de champiñones
1 cucharada de mantequilla, 1 diente de ajo
1 cucharada de hojitas de mejorana frescas
4 cucharadas de crema de soja, 1 cebolla
1 cucharadita de caldo de verduras vegetariano
Pimienta de Cayena, 1 pepino, sal marina
80 g de queso (emental, gruyer o parmesano)
Mantequilla para el molde, 1 cebolla
2 cucharadas de eneldo picado
2 cucharadas de crema de soja
1 cucharada de vinagre de sidra
1 cucharadita de jarabe de manzana

1. Lavar y cocer 20 minutos las patatas sin pelar. Partirlas a la mitad. Untar con mantequilla un molde refractario. Vaciar las patatas, dejando un borde de 1 1/2 cm de ancho. Aplastar la masa de patata vaciada. Limpiar los champiñones, frotarlos y picarlos. Pelar y picar muy fino la cebolla y el ajo. Precalentar el horno a 200 ºC.

2. Calentar la mantequilla y pochar la cebolla y el ajo a fuego lento. Agregar los champiñones y sofreírlos 8 minutos. Sazonar con el caldo, la mejorana y la pimienta de Cayena. Rellenar las patatas con la mitad de los champiñones.

3. Mezclar el resto de la masa de champiñones con la crema de soja, 2 cucharadas de agua y la masa de la patata. Extender la mezcla en el molde. Colocar encima las medias patatas. Rallar el queso y extenderlo sobre las patatas. Gratinar (en el centro del horno, con el aire de circulación a 180 ºC) durante 20 minutos.

4. Pelar el pepino, laminarlo, sazonarlo y dejar macerar 10 minutos. Pelar y picar la cebolla. Remover y mezclar la crema de soja con el vinagre y 100 ml de agua. Incorporar la cebolla, el eneldo y jarabe de manzana. Exprimir el pepino y mezclarlo con el aliño. Servir con las patatas.

Patatas al romero con crema fría de ajo

Tiempo de preparación: 20 minutos
Tiempo de cocción: alrededor de 1 hora

Para 2 personas (aprox., 440 kcal por ración):
Para las patatas al romero:
450 g de patatas
5 cucharadas de aceite de oliva
2-3 ramitas de romero fresco
1 cucharadita de sal marina
Para la crema fría:
175 g de nata líquida
50 ml de suero de mantequilla
1 cucharadita de sal de hierbas
1-2 dientes de ajo
3 cucharadas de hierbas aromáticas picadas
(por ejemplo perejil, perifollo, cebollino)

1. Lavar las patatas y limpiarlas bien con un cepillo. Cortarlas luego, de forma longitudinal, en bastones de 1 cm de grosor. Precalentar el horno a 200 °C.

2. Untar la bandeja de hornear con el aceite y ordenar en ella los bastones de patata. Deshojar el romero. Sazonar las patatas con la sal marina y el romero y asarlas (en el centro del centro, con el aire de circulación a 180 °C) durante una hora, separándolas y dándoles la vuelta de vez en cuando.

3. Para preparar la crema fría, batir la nata líquida y el suero de mantequilla hasta obtener una crema lisa. Pelar el ajo y prensarlo sobre ella. Añadirle la sal de hierbas y las hierbas aromáticas, mezclando todo a la vez que se remueve sin parar. Servir la crema fría con las patatas.

1 Patatas al romero con crema fría de ajo

2 Patatas rellenas al horno con pepino

3 'Souffle' de patatas y espinacas

Patatas con arenques en salsa de nata y manzana

Maceración: toda la noche
Tiempo de preparación: 40 minutos

Para 2 personas (aprox., 885 kcal por ración):
2 cebollas rojas
2 manzanas reblandecidas
6 filetes de arenque
1 manojito de eneldo
100 g de nata
1 hoja de laurel
5 bayas de enebro
2 cucharadas de nata agria
400 g de patatas pequeñas

1. Pelar y hacer las cebollas aros finos. Pelar las manzanas, partirlas en cuartos, descorazonarlas y cortarlas en bastones delgados.

2. Quitar las espinas a los filetes de arenque. Lavar el eneldo, secarlo bien y picarlo.

3. Mezclar y revolver la nata y 200 ml de agua. Sumar a la mezcla la hoja de laurel, las bayas de enebro, el eneldo, los aros de cebolla y los bastones de manzana.

4. Poner los filetes de arenque entre los bastones de manzana y los aros de cebolla, tapar y dejarlos macerar en el frigorífico toda la noche. Al día siguiente, retirar la hoja de laurel e incorporar la nata agria revolviendo sin parar.

5. Lavar las patatas y cocerlas unos 20 minutos con su piel. Servir los arenques con las patatas calientes.

Como entrante, **Hierba de los canónigos con trozos de tomate** (receta p. 33).

Patatas con salsa verde de hierbas

Tiempo de preparación: 30 minutos

Para 2 personas (aprox., 415 kcal por ración):
400 g de patatas pequeñas
Unos manojitos de eneldo, perifollo, borraja, perejil, cebollinos, acedera
1 cebolla pequeña
2 yemas duras
150 g de nata agria
150 g de yogur natural (3,5% de materia grasa)
1 cucharadita de vinagre de sidra
Sal de hierbas
1 lechuga romana de tamaño medio

1. Lavar las patatas y cocerlas 20 minutos con su piel. Entre tanto, lavar las hierbas aromáticas, agitarlas para que sequen y picarlas fino. Pelar y picar la cebolla.

2. Picar las yemas. Mezclar y revolver la nata agria con el yogur y las yemas. Incorporar las hierbas y la cebolla picada. Sazonar con sal y vinagre.

3. Limpiar la lechuga, lavarla, cortarla en tiras y secarla en la centrifugadora. Quitar el agua a las patatas, dejarlas enfriar un poco, pelarlas y servirlas con la salsa de hierbas y la lechuga.

 **Mi sugerencia**

Salsa de claras de huevo

Tras cocer otro huevo, se pela y pica fino con las claras de huevo sobrantes. Se mezclan y revuelven con 75 g de yogur, 2 cucharadas de nata y 1 cucharadita de mostaza de Dijon. Al conjunto se le da sazón con 1 cucharadita de limón, pimienta y sal y se mezclan los huevos. Así preparada, esta salsa se integra en el grupo de proteínas y combina muy bien con la aportación neutra de la coliflor o el brécol, así como con una ensalada variada.

Patatas a la papillote con queso fresco al cebollino

Tiempo de preparación: 15 minutos
Tiempo de cocción: unos 15 minutos

Para 2 personas (aprox., 240 kcal por ración):
2 patatas grandes cocidas sin pelar
1 manojo de cebollinos
250 g de queso fresco (20% de materia grasa)
150 g de yogur natural (3,5% de materia grasa)
5 cucharadas de agua mineral
1 cucharadita de sal de hierbas

1. Precalentar el horno a 200 °C. Envolver las patatas en papel de aluminio y asarlas (en el centro, con el aire de circulación a 180 °C) durante unos 15 minutos.

2. Mientras, lavar el cebollino, agitarlo hasta que seque y cortarlo en aritos.

3. Mezclar y revolver el queso fresco con el yogur y el agua mineral hasta formar una crema. Sazonar con sal y mezclar el cebollino.

4. Desenvolver las patatas, efectuar un corte en sentido longitudinal (sin cortar del todo), separar un poco ambas mitades y rellenar con la masa de queso fresco y cebollino.

Como entrante, **Lechuga iceberg con rucola y tomate** (receta p. 26).

Variante:
Cociendo las patatas el día anterior, se ahorra tiempo. En caso contrario, la cocción de las patatas al papillote tardará 1 hora de horno. Muy importante: las patatas se envuelven en papel de aluminio, colocadas sobre el lado brillante.

1 Patatas con arenques en salsa de nata y manzana

2 Patatas con salsa verde de hierbas

3 Patatas a la papillote con queso fresco al cebollino

Hamburguesa de patata con salmón

Tiempo de preparación: 25 minutos

Para 2 personas (aprox., 270 kcal por ración):
2 patatas grandes alargadas (200 g cada una)
2 cucharadas de nata agria, 4 ramitas de eneldo
1 cucharadita de rábano picante, sal marina
2 hojas de lechuga grandes
80 g de salmón marinado

1. Lavar las patatas y cocerlas sin pelar durante 25 minutos. Retirarlas luego, dejar que enfríen un poco y partirlas a la mitad de forma simétrica.

2. Mezclar y revolver la nata agria con el rábano picante. Sazonar con sal.

3. Limpiar la lechuga, lavarla y agitarla hasta que seque. Extender la mezcla de nata y rábano sobre dos medias patatas y cubrir ambas mitades con una hoja de lechuga.

4. Disponer el salmón holgadamente sobre la lechuga, adornarlo con eneldo y colocar encima la segunda mitad de patata y lechuga.

Variante:
En lugar de salmón, puede utilizar arenques: se corta 1 cebolla en aros; se sitúan sobre los arenques con el eneldo. Para la versión light se mezcla yogur natural con rábano picante.

Puré con 'chucrut'

Tiempo de preparación: 30 minutos

Para 2 personas (aprox., 595 kcal por ración):
400 g de patatas, 600 g de chucrut
1 cucharadita de caldo de verduras vegetariano
1 cebolla pequeña, nuez moscada recién rallada
3 cucharadas de aceite de girasol, 80 g de nata
20 g de holstener liesl
1 cebolla, 80 g de salami en un trozo

1. Lavar, pelar y partir las patatas en cuartos. Ponerlas en una cacerola, cubrirlas con agua, sazonarlas con caldo y cocerlas 20 minutos.

2. Para el chucrut, pelar y picar la cebolla. Calentar 1 cucharada de aceite y pochar la cebolla. Agregar el chucrut y sofreírlo revolviendo de continuo. Incorporar el holstener liesl, añadir 100 ml de agua, tapar y cocer 15 minutos.

3. Pelar la cebolla y cortarla en aros finos. Calentar un poco el resto del aceite en una sartén y dorar en ella los aros de cebolla dándoles vueltas.

4. Aplastar las patatas en el agua de cocción y mezclarlas con la nata. Sazonar con nuez moscada. Cortar el salami en trocitos. Servir el puré con el chucrut y repartido por encima el salami y la cebolla.

Crema de patatas y hierbas aromáticas

Tiempo de preparación: 30 minutos

Para 2 personas (aprox., 275 kcal por ración):
400 g de patatas de cocción harinosa
1 manojo de perejil
1 manojo de perifollo
1 cucharada de mantequilla
400 ml de caldo de verduras vegetariano
5 cucharadas de nata

1. Pelar las patatas, lavarlas y trocearlas menudo. Lavar el perejil y el perifollo, agitarlos hasta que sequen y deshojarlos. Picar 1 cucharada de cada uno de estos ingredientes y reservar.

2. Calentar la mantequilla en una cacerola y, sin dejar de remover, sofreír en ella los trocitos de patata durante 1 minuto. Cortar con el caldo, agregar las hierbas aromáticas, tapar y dejar hervir 20 minutos a fuego lento.

3. Retirar del fuego la cacerola de la sopa y reducirla a crema con la ayuda de la batidora. Revolviendo sin parar, mezclar la nata y calentar un poco. Servir la crema espolvoreada con el resto de las hierbas.

Ensalada de patatas y pimiento

Tiempo de preparación: 30 minutos

Para 2 personas (aprox., 340 kcal por ración):
400 g de patatas, 2 cebollas rojas
1 pimiento amarillo, 1 manojo de cebollinos
1 cucharadita colmada de fécula de patata
1 cucharadita de caldo de verduras vegetariano
1 cucharadita de suero de leche fermentada
1 manojo de rabanitos, 2 pimientos rojos
4 filetes de trucha ahumados

1. Lavar las patatas y cocerlas 20 minutos sin pelar. Secarlas, pelarlas y cortarlas en rodajitas.

2. Pelar y picar la cebolla. Partir a la mitad el pimiento, limpiarlo, lavarlo y hacerlo tiras delgadas. Limpiar también los rabanitos, lavarlos y cortarlos en rodajas finas. Mezclar la cebolla, las tiras de pimiento y las rodajas de rabanito con los trozos de patata. Lavar el cebollino, agitarlo hasta que seque y partirlo en aritos.

3. Para el aliño, hervir 200 ml de agua. Disolver la fécula de patata en un poco de agua fría, agregar al agua caliente y dejar hervir un poco. Mezclar y revolver el caldo y el suero de leche.

4. Extender sobre las patatas el aliño. Mezclar la ensalada y esparcir el cebollino. Partir a la mitad el pimiento, lavarlo y cortarlo en tiras. Servir con la ensalada y los filetes de trucha.

Arroz y cereales

El arroz y los cereales ocupan una posición de privilegio como alimento básico consolidado en las cocinas de todo el mundo. En Europa también tienen mucha aceptación algunas de sus variantes integrales, como el bulgur, la espelta y el grano verde. No es extraño, pues, que admitan múltiples combinaciones y preparaciones. En este capítulo se ofrecen algunas descripciones y recetas básicas relacionadas con las variedades de arroz y cereales más extendidas, así como imaginativas recetas de salteados, gratinados y asados.

Recetas de arroz y cereales

Por más que botánicamente todas las variedades destacadas pertenezcan a la misma especie, podemos decir que no hay dos arroces iguales. Junto al trigo, el arroz es el alimento más importante. Todas las variedades de arroz se ofertan con cascarilla o sin ella. Al mismo tiempo existe un gran número de otros tipos de cereales que, cocidos enteros, introducen notables variaciones en los menús.

El arroz y los cereales no manipulados son muy valiosos. Así, por ejemplo, el arroz sin descascarillar, conocido también como arroz pardo o integral, contiene en su cutícula plateada una gran cantidad de sustancias minerales, vitaminas, aceites y sustancias de lastre, que pierde por completo al eliminarse la cascarilla. El contenido en hidratos de carbono complejos del arroz natural y los cereales hace que formen parte del grupo de los hidratos de carbono, por lo que admiten múltiples combinaciones con los alimentos del grupo neutro. La combinación ideal es la de una parte de arroz o cereales por 3-4 partes de verduras y ensaladas.

El arroz y los cereales pueden combinarse con:
Mantequilla, aceite, mayonesa (elaborada con aceites de calidad), margarina dietética, yemas, nata, nata agria, suero de mantequilla, kéfir, yogur, leche agria bebible, queso fresco (el índice de materia grasa es irrelevante), manzanas reblandecidas, plátano, frutas secas, dátiles, higos, pescado y carne crudos (por ejemplo arenque, caviar, salmón marinado, filete tártaro, jamón crudo, salami).

Quesos frescos, camembert (60% de materia grasa), quesos de corte con 60% de materia grasa (por ejemplo, gouda de nata, quesos duros y quesos blandos de leche cruda con un 45% de materia grasa en adelante (por ejemplo, emental y gruyer). [Más información de quesos en p. 147].

Acelgas, achicoria, aguacates, ajo, alcachofas, apio, berenjenas, berza, brécol, brotes y gérmenes, calabacín, cebolla, chucrut, col china, col rizada, coles de Bruselas, coliflor, colinabo, ensaladas de hoja, espárragos, espinacas, frutos secos variados, guisantes verdes, hinojo, judías verdes, lombarda, maíz fresco, pepino, pepitas de calabaza, pepitas de girasol, pimientos, piñones, puerros, rabanitos, rábano, remolacha, setas, tomates crudos, zanahoria.

Cerveza, granos, enebro.

Especias apropiadas:
Ajo, ajo de oso, azafrán, berros, canela en polvo, cardamomo, cebolla, clavo molido, cúrcuma, curry en polvo, zumo de manzana, jengibre, levística, mejorana, miel, orégano, perejil, perifollo, pimentón, pimienta, romero, salsa worcester, tomillo, uvas pasas.

Grano largo o grano redondo
Dado el gran número de variedades existentes, la elección plantea un problema. Y es que tanto las tiendas de productos dietéticos y naturales como las secciones especializadas de las grandes superficies comerciales, ofrecen un extenso surtido de variedades de arroz. Atendiendo a la forma y al tamaño del grano se puede elegir entre arroz de grano largo, de grano medio y de grano redondo.

Arroz de grano largo o *arroz de Patna*: en la cocción se mantiene granuloso y suelto; es apropiado para ensaladas.
Arroz natural de grano redondo: es pobre en gluten y se reblandece mucho con la cocción. Resulta ideal para platos de arroz dulces, por ejemplo, para arroz con leche. El arroz de grano medio suele tener las mismas características de cocción que el de grano redondo y es la base del risotto.
Arroz natural basmati: es de grano largo, muy aromático, procede del norte de la India y de Pakistán y es el más caro.

Arroz integral vaporizado: viene precocido al vapor, por lo que se cuece en 10 minutos. Tras la cocción se mantiene granuloso. Tiene la ventaja de que en virtud del tratamiento previo, las sustancias de contenido del arroz integral penetran en las capas internas. Constituye una alternativa al arroz integral 'normal', sobre todo en los casos en que el aumento de volumen y la cocción se prolongan en exceso. Actualmente la actividad y prisas propias de la cocina no es excusa para recurrir al arroz de bolsa de cocinar blanco, que tan pocas vitaminas aporta.

Cocción adecuada del arroz natural

El arroz natural se lava varias veces en agua, hasta que ésta salga clara. Se cubre el arroz con agua un poco salada y se cuece a fuego lento durante unos 30 minutos. Se apaga el fuego y se deja reposar otros 10 minutos más.

El tiempo de cocción se reduce a 20 minutos, cubriendo el arroz con agua después de lavado y manteniéndolo así unas 8 horas o toda la noche. El tiempo de reposo posterior sigue siendo el mismo.

Cereales y otros granos

Los cereales tienen un 70% de hidratos de carbono y un 10% de albúmina vegetal. Las sustancias de lastre se concentran en las capas exteriores. Además contienen potasio, fósforo, magnesio, cobre y hierro. Y junto a las vitaminas E y A de la belleza, también está representado el grupo vitamínico B. Las siguientes recetas ofrecen preparaciones con espelta, grano verde y mijo. Si se quiere experimentar con otras variedades de cereales, en esta misma página aparecen algunas propuestas.

Alforfón, trigo sarraceno. Aunque se clasifica entre los cereales, botánicamente es una poligonácea. Sus sustancias de contenido más importantes son: vitaminas del grupo B y E, así como potasio,

calcio, flúor, hierro, magnesio y hierro. El alforfón es agradable tanto dulce como picante. Permite preparar sémolas, hamburguesas, crepés y albóndigas. Carece de gluten, por lo que se usa en panificación. **Receta básica de la sémola de alforfón**. Poner a hervir 50 g de alforfón con una cantidad de

agua 2-2 1/2 superior y cocer a fuego lento entre 15 y 20 minutos. Opcionalmente, continuar la elaboración con ingredientes del grupo neutro.

Amaranto. Es rico en vitaminas A, B_1, B_2 y C, así como en calcio, cobre, magnesio, fósforo y hierro. Tiene sabor a nuez y se puede usar como grano entero (por ejemplo, en mueslis) o molido en forma de harina. Apenas si tiene gluten y en panificación ha de mezclarse con harina de trigo o de espelta.

Mijo. Resulta de fácil digestión y contribuye a la formación de bases. Es rico en flúor, ácido salicílico y hierro. Carece de gluten, motivo por el que constituye una buena alternativa para los alérgicos.

Receta básica. Lavar 50 g de mijo, poner a hervir con una cantidad de agua 4 veces superior y cocer a fuego lento durante 15 minutos. Retirar del fuego, tapar y dejar en reposo otros 10 minutos. Dulce o picante, se puede acompañar con alimentos del grupo neutro.

El cuscús (sémola de mijo) se prepara como el arroz o como otros cereales. Se sirve como guarnición y como ensalada.

Bulgur. Es trigo duro descascarillado, precocido, secado y triturado con germen y sustancias de contenido saludables. Se cuece en 15 minutos y se prepara como ensalada, en potajes o en souffles. Se sirve como guarnición o

como tabouleh, refrescante ensalada del norte de África que se prepara con perejil, tomate, menta, aceite, ajo y limón.

Arroz con pimiento y calabacín

Tiempo de preparación: 50 minutos

Para 2 personas (aprox., 330 kcal por ración):
100 g de arroz integral para sopa
Sal marina
1 cebolla pequeña
1 pimiento rojo
1 calabacín pequeño
1 penca de apio
100 g de hinojo
1 1/2 cucharadas de aceite de girasol
400 ml de caldo de verduras vegetariano
1 cucharadita de tomillo seco
1-2 ramitas de mejorana

1. Lavar el arroz varias veces, hasta que el agua salga clara. Echarlo luego en una cacerola, cubrirlo con agua, salar un poco y cocerlo 30 minutos a fuego lento. Apagar el fuego y dejar que repose 10 minutos.

2. Pelar la cebolla, cortarla a la mitad y hacer tiras finas con ella. Partir también a la mitad el pimiento, limpiarlo, lavarlo y trocearlo en tiras delgadas. Lavar y limpiar el calabacín, el apio y el hinojo; cortar en trozos los dos primeros y laminar el último.

3. Calentar el aceite y pochar la cebolla a fuego lento. Agregar las verduras y sofreírlas 3 minutos, sin dejar de revolver. Verter el caldo, tapar y hervir 15 minutos.

4. Lavar y deshojar la mejorana. Mezclar el arroz con el potaje y sazonar con sal y tomillo. Servir con la mejorana repartida por encima.

Variante:
En vez de con calabacín, el potaje se puede preparar con berenjena y sazonar con salsa de soja o salsa worcester.

Sopa de guisantes y puerros con arroz

Tiempo de preparación: 45 minutos

Para 2 personas (aprox., 375 kcal por ración):
100 g de arroz integral de grano redondo
Sal marina
1/2 l de caldo de verduras vegetariano
250 g de guisantes (congelados)
1 puerro
4 cucharadas de nata
1 cucharada de hojitas de levística

1. Lavar el arroz repetidas veces, hasta que el agua salga clara. Echarlo después en una cacerola, cubrirlo con agua, salar un poco y cocerlo 30 minutos a fuego lento. Apagar el fuego y dejarlo reposar 10 minutos.

2. Poner a hervir el caldo, agregar los guisantes sin descongelar, tapar y cocerlos 10 minutos a fuego lento.

3. Entre tanto, limpiar el puerro, partirlo a lo largo por la mitad, lavarlo bien y cortarlo en tiras finas. Retirar los guisantes del fuego y, en la misma cacerola, reducirlos a crema con la ayuda de la batidora.

4. Añadir las tiras de puerro, tapar y hervir la sopa otros 10 minutos a fuego lento. Mezclar y revolver el arroz y la nata; si fuera necesario, volver a calentar. Distribuir la sopa en 2 platos hondos, adornar con levística y servir sin más.

Variante:
Para que la sopa resulte más sustanciosa, se trocean 30 g de salami y se incorporan a la misma. Asimismo resulta muy sabrosa acompañada de unas tiras de cecina de vaca, o desmenuzando sobre ella 60 g de queso de oveja.

Potaje de espelta y zanahoria

En remojo: toda la noche
Tiempo de preparación: 55 minutos

Para 2 personas (aprox., 370 kcal por ración):
100 g de espelta
1-2 puerros (250 g)
1 cebolla
350 g de zanahorias
1 colinabo
150 g de apio de bulbo
1 cucharada de mantequilla
1/2 l de caldo de verduras (instantáneo)
1/2 manojo de perejil
Sal marina
2 cucharadas de nata agria

1. Cubrir la espelta con agua y mantenerla en remojo toda la noche. Al día siguiente cocerla con el agua del remojo en una cacerola tapada, dejándola 25 minutos a fuego medio.

2. Limpiar el puerro, partirlo en sentido longitudinal, lavarlo bien y cortarlo en tiras. Pelar y picar la cebolla. Limpiar, pelar y trocear fino las zanahorias, el colinabo y el apio.

3. Retirarle el agua a la espelta y dejarla escurrir. Derretir la mantequilla y sofreír en ella las verduras 3 minutos, mezclándolas bien con la espelta. Agregar el caldo sin dejar de revolver, tapar y cocer todo a fuego lento unos 15 minutos.

4. Lavar el perejil, agitarlo hasta que seque y picarlo. Sazonar el potaje con sal e incorporar la nata agria. Espolvorear de perejil y servir.

1 Sopa de guisantes y puerros con arroz

2 Arroz con pimiento y calabacín

3 Potaje de espelta y zanahoria

Arroz de verduras con calabacín y queso de oveja

Tiempo de preparación: 50 minutos

Para 2 personas (aprox., 465 kcal por ración):
100 g de arroz natural basmati
1 calabacín de tamaño mediano
3 dientes de ajo
Sal marina
200 g de champiñones
1 pimiento rojo
1/2 manojo de perejil liso
2 cucharadas de aceite de girasol
Sal de hierbas aromáticas
1 cucharadita de orégano seco
125 g de guisantes (congelados)
1 cucharadita de caldo de verduras vegetariano
100 g de queso de oveja

1. Lavar varias veces el arroz, hasta que el agua salga clara. Echarlo luego en una cacerola, cubrirlo con agua, salar un poco, tapar la cacerola y cocerlo 30 minutos a fuego lento. Apagar el fuego y mantenerlo en reposo unos 10 minutos.

2. Lavar, limpiar y cortar el calabacín en rodajas finas. Pelar el ajo. Limpiar los champiñones, frotarlos si fuera necesario y laminarlos. Partir el pimiento a la mitad, limpiarlo, lavarlo y trocearlo fino. Lavar el perejil, agitarlo hasta que seque y picarlo también menudo.

3. Calentar 1 cucharada de aceite en una sartén y sofreír el ajo 3 minutos a fuego medio; después, retirarlo de la sartén y desecharlo. Pasar las rodajas de calabacín por el aceite caliente y sofreírlas dándoles vueltas. Sazonar con sal de hierbas y orégano.

4. Calentar el resto del aceite en otra sartén y, sin dejar de remover, sofreír los champiñones y los trocitos de pimiento unos 4 minutos. Mezclar y revolver el arroz y los guisantes, sazonando todo con el caldo. Agregar las rodajas de calabacín, desmenuzar encima el queso de oveja, espolvorear de perejil y servir recién hecho.

Arroz al 'curry' con brécol y almendras

Tiempo de preparación: 50 minutos

Para 2 personas (aprox., 540 kcal por ración):
100 g de arroz natural basmati
250 g de brécol
Sal marina
1 cebolla grande
4 cucharadas de almendra fileteada
1/2 manojo de perifollo
1 1/2 cucharadas de aceite de girasol
80 g de maíz (de lata o congelado)
1-2 cucharaditas de curry en polvo
Sal de hierbas aromáticas
3 cucharadas de nata agria

1. Lavar el arroz las veces necesarias, hasta que el agua salga clara. Echarlo en una cacerola, cubrirlo con agua, salar un poco, tapar la cacerola y cocerlo 30 minutos a fuego lento. Apagar el fuego y dejar que repose durante unos 10 minutos.

2. Lavar, limpiar y partir el brécol en ramilletes pequeños; pelar los tronchos y trocearlos. Poner a hervir agua con sal y cocer en ella el brécol durante 8 minutos. Retirarlo, enfriarlo de repente y escurrirlo; reservar 150 ml del agua de cocción.

3. Pelar la cebolla, partirla a la mitad y cortarla en rajas finas. Tostar la almendra en una sartén antiadherente sin grasa, hasta dorarse; reservarla. Lavar el perifollo, agitarlo hasta que seque y picarlo.

4. Calentar el aceite y sofreír la cebolla a fuego medio. Agregar el maíz y el arroz y sofreírlos a la vez. Sazonar con curry y sal de hierbas. Verter el agua de cocción y dejar que hierva todo un poco.

5. Mezclar la nata agria revolviendo, incorporar el brécol y calentar un poco. Servir con la almendra fileteada y el perifollo distribuidos por encima.

Como entrante, una **Ensalada neutra** (recetas p. 26 y ss.)

Arroz con verduras al 'wok'

Tiempo de preparación: 45 minutos

Para 2 personas (aprox., 650 kcal por ración):
100 g de arroz natural basmati
150 g de setas shiitake (o pleurotos)
2 pencas de apio, 3 cebolletas
1 trozo de jengibre fresco , 1/2 manojo de perejil
Sal marina, 4 cucharadas de brotes de soja
2 cucharadas de aceite de girasol
40 g de anacardos, 1 pimiento rojo
Sal de hierbas aromáticas, salsa worcester

1. Lavar el arroz repetidas veces, hasta que el agua salga clara. Echarlo en una cacerola, cubrirlo con agua, salar un poco, tapar la cacerola y cocerlo 30 minutos a fuego lento. Apagar el fuego y dejar que repose 10 minutos.

2. Frotar las setas shiitake, cortarles los tallos y picarles los sombreretes. Lavar las pencas de apio, limpiarlas y trocearlas. Limpiar, lavar y cortar las cebolletas en aros. Partir a la mitad el pimiento, despepitarlo, lavarlo y trocearlo. Pelar y picar el jengibre.

3. Lavar el perejil, agitarlo hasta que seque y picarlo. Lavar y escurrir los brotes de soja.

4. Calentar el wok, echar después el aceite y una vez caliente también saltear el apio, la cebolleta y el jengibre durante 3 minutos. Agregar las setas, los trozos de pimiento y los anacardos, salteando todo a fuego vivo hasta dorarse.

5. Mezclar y revolver el arroz y el perejil. Sazonar con un poco de sal y unos chorros de salsa worcester. Servir con los brotes de soja dispuestos por encima.

Como entrante, una **Ensalada neutra** (recetas p. 26 y ss.).

Paella de verdura

Tiempo de preparación: 75 minutos

Para 2 personas (aprox., 370 kcal por ración):
100 g de arroz natural basmati
125 g de champiñones
125 g de judías verdes
1 pimiento amarillo, 1 pimiento rojo
1 cebolla, 1 diente de ajo
2 cucharadas de aceite de oliva
1/2 sobre de azafrán en polvo
350 ml de caldo de verduras vegetariano
4 cucharadas de guisantes (congelados)
12 aceitunas negras
1/2 manojo de perejil liso

1. Limpiar los champiñones, frotarlos si fuera necesario y laminarlos. Lavar, limpiar y partir las judías en trozos de 3 cm de longitud. Partir a la mitad los pimientos, limpiarlos y lavarlos. Cortar el pimiento amarillo en trocitos y el rojo en tiras de unos 2 cm de ancho. Pelar y picar la cebolla y el ajo.

2. Calentar 1 cucharada de aceite y pochar la cebolla y el ajo a fuego lento. Agregar el arroz y esperar a que reblandezca. Añadir los champiñones, las judías y el pimiento amarillo y sofreír todo en conjunto. Sazonar con azafrán y caldo, tapar y dejar que hierva 35 minutos a fuego lento.

3. Mezclar y revolver los guisantes; dejar que hierva otros 20 minutos. Mientras, calentar el aceite restante y sofreír 6 minutos las tiras de pimiento rojo, sin dejar de revolver; después, reservar. Lavar el perejil, agitarlo hasta que seque y picarlo.

4. Poco antes de finalizar el tiempo de cocción (el líquido ha de estar casi absorbido por completo), extender sobre la paella las tiras de pimiento y las aceitunas. Espolvorear de perejil y servir.

Como entrante, una **Ensalada neutra** (recetas p. 26 y ss.).

Arroz blanco con berenjena y queso de oveja

Tiempo de preparación: 45 minutos

Para 2 personas (aprox., 420 kcal por ración):
100 g de arroz integral de grano largo
Sal marina, 1 berenjena pequeña
2 pimientos amarillos, 1 cebolla grande
1 calabacín, 2 cucharadas de aceite de oliva
Sal de hierbas aromáticas
1/2 cucharadita de orégano seco
1/2 cucharadita de romero seco
80 g de queso de oveja

1. Lavar el arroz varias veces, hasta que el agua salga clara. Echarlo en una cacerola, cubrirlo con agua, salar un poco y cocerlo a fuego lento durante 30 minutos. Apagar el fuego y mantenerlo 10 minutos en reposo.

2. Lavar la berenjena, limpiarla y cortarla en rodajas; espolvorear de sal y dejarla en maceración 10 minutos. Partir a la mitad los pimientos, limpiarlos, lavarlos y hacer con ellos tiras estrechas. Pelar la cebolla y picarla en aros finos. Lavar el calabacín, limpiarlo y cortarlo en rodajas finas.

3. Secar las rodajas de berenjena con papel de cocina. Calentar el aceite en una sartén grande y sofreír los aros de cebolla. Agregar la verdura y, a fuego medio, freír todo unos 15 minutos, revolviendo con frecuencia. Sazonar con sal de hierbas, orégano y romero.

4. Desmenuzar el queso de oveja de forma homogénea sobre la verdura, y dejar que se funda con la sartén tapada. Servir la verdura con el arroz.

1   Paella de verdura

2   Arroz con verduras al 'wok'

3   Arroz blanco con berenjenas y queso de oveja

Pimientos rellenos de arroz y queso

Tiempo de preparación: 70 minutos

Para 2 personas (aprox., 545 kcal por ración):
100 g de arroz integral
Sal marina
2 manzanas reblandecidas
1 cebolla
150 g de champiñones
1 pimiento verde
4 pimientos rojos pequeños
60 g de mozzarella
1 cucharada de aceite de girasol
1 1/2 cucharaditas de caldo de verduras
  vegetariano
1 cucharadita de sambal oelek
1/2 cucharadita de orégano
1/2 cucharadita de tomillo
1 cucharada de mantequilla
1 punta de pimienta de Cayena
2 cucharadas de nata
50 g de hierbas de canónigo
1 cucharada de vinagre de sidra
Pimienta
1 cucharada de aceite de oliva

1. Lavar el arroz repetidas veces, hasta que el agua salga clara. Echarlo en una cacerola, cubrirlo con agua, salar un poco y cocerlo 30 minutos a fuego lento. Apagar el fuego y dejarlo en reposo 10 minutos.

2. Lavar las manzanas, partirlas en cuartos, descorazonarlas y trocearlas. Pelar y picar la cebolla. Limpiar los champiñones, pasarles el cepillo si fuera necesario y trocearlos menudo. Partir a la mitad el pimiento verde, limpiarlo, lavarlo y trocearlo fino.

3. Recortar la parte superior de los pimientos rojos, despepitarlos y lavarlos. Cortar el queso en trozos pequeños.

4. Calentar el aceite en una sartén y, revolviendo con frecuencia, sofreír las manzanas y la verdura 5 minutos a fuego medio. Sazonar con caldo, sambal oelek, orégano y tomillo. Mezclar y revolver bien el arroz y el queso, y luego rellenar

los pimientos con 2/3 de la masa. Colocar la tapa en la parte superior de cada pimiento.

5. Derretir la mantequilla en una cacerola y sofreír el resto de la masa. Poner encima los pimientos y añadir 1/4 l de agua. Sazonar con el caldo restante y con pimienta de Cayena. Tapar y cocer los pimientos a fuego lento, dejándolos 30 minutos. Mezclar la nata removiendo.

6. Limpiar la hierba de los canónigos, lavarla, secarla en la centrifugadora y disponerla en el plato. Batir enérgicamente el vinagre de sidra, la sal, la pimienta y el aceite de oliva y rociar la ensalada con el aliño. Servir junto con los pimientos rellenos.

Variante:
El relleno también puede elaborarse con una masa de pimientos verdes o amarillos.
Para proceder con mayor rapidez, se prepara sólo la masa del relleno, que a continuación se introduce en un molde refractario untado de grasa, se recubre de mozzarella y se gratina 10 minutos en el horno previamente calentado.

Mi sugerencia

Picante y ardiente

El sambal oelek es una pasta picante preparada con guindillas, muy usada como condimento en los platos de la dieta disociada. Va muy bien con el pescado, la carne, la pasta, la patata o el arroz. Por su sabor picante el sambal oelek eleva la temperatura del organismo, activa la sudoración y desencadena en gran medida la combustión de grasas.

Arroz gratinado con aceitunas y mozzarella

Tiempo de preparación: 1 hora
Tiempo de cocción: unos 20 minutos

Para 2 personas (aprox., 460 kcal por ración):
100 g de arroz integral
1 endibia
1 cebolla
1-2 dientes de ajo
18 aceitunas negras sin hueso
125 g de mozzarella
1 1/2 cucharadas de aceite de oliva
Sal marina
1 cucharadita de orégano seco
Mantequilla para el molde

1. Lavar el arroz varias veces, hasta que el agua se vea limpia. Echarlo en una cacerola, cubrirlo con agua, salar un poco y cocerlo 30 minutos a fuego lento. Apagar el fuego y dejar que repose 10 minutos.

2. Limpiar la endibia, partirla en cuartos y hacerla tiras; luego, lavarla repetidas veces en agua caliente y secarla en la centrifugadora.

Pelar y picar la cebolla y el ajo. Picar también 6 aceitunas. Dejar que la mozzarella escurra y cortarla en lonchas finas.

3. Calentar el aceite en una cacerola y pochar a fuego lento la cebolla y el ajo picados. Agregar la endibia y sofreírla dándole vueltas. Sazonar con sal y orégano. Mezclar las aceitunas picadas, tapar y rehogar todo 3 minutos también a fuego lento.

4. Precalentar el horno a 200 °C. Untar con mantequilla un molde refractario y verter el arroz.

5. Distribuir -de forma homogénea- la endibia rehogada sobre el arroz, y cubrir el conjunto con la mozzarella. Gratinar (en el centro del horno, con el aire de circulación a 180 °C) unos 20 minutos. Servir el arroz adornado con aceitunas.

Arroz gratinado con puerros y parmesano

Tiempo de preparación: 50 minutos
Tiempo de cocción: unos 15 minutos

Para 2 personas (aprox., 600 kcal por ración):
120 g de arroz natural, 600 g de puerros
1 cebolla, 250 g de champiñones
1 manojo de perifollo, 100 g de parmesano
1 1/2 cucharadas de aceite de girasol
100 ml de caldo de verduras vegetariano
Sal marina, 2 cucharadas de nata agria
1 caja pequeña de berros
Mantequilla para el molde

1. Lavar el arroz repetidas veces, hasta que el agua salga clara. Echarlo en una cacerola, cubrirlo con agua, salar un poco y cocerlo 30 minutos a fuego lento. Apagar el fuego y dejarlo que repose 10 minutos.

2. Limpiar los puerros, cortarlos a lo largo, lavarlos bien y partirlos en tiras finas. Poner a hervir agua y blanquear en ella los puerros dejándolos 2 minutos. Retirarlos, enfriarlos de repente y escurrirlos.

3. Pelar y picar la cebolla. Limpiar los champiñones, frotarlos si fuera necesario y laminarlos.

Lavar el perifollo, secarlo en la centrifugadora y picarlo. Rallar el queso.

4. Calentar el aceite en una sartén y pochar la cebolla picada a fuego lento. Sin dejar de revolver, agregar los champiñones y sofreírlos durante 3 minutos.

5. Precalentar el horno a 180 °C. Untar con mantequilla un molde refractario. Incorporar los puerros y el arroz a la mezcla de champiñones y cebolla, mezclando todo sin parar de revolver. Verter el caldo, tapar y cocer 5 minutos a fuego lento. Sazonar con sal y verter la nata agria revolviendo también.

6. Trocear los berros y mezclarlos con el arroz junto con las otras hierbas. Rellenar el molde con la mezcla de arroz y verduras. Gratinar (en el centro del horno, con el aire de circulación a 160 °C) durante 15 minutos.

Arroz con almendras y plátano

Tiempo de preparación: 55 minutos

Para 2 personas (aprox., 425 kcal por ración):
100 g de arroz natural , 3 cucharadas de pasas
4 cucharadas de almendras laminadas
1 cebolla, 1 plátano grande, sal marina
1 cucharada de mantequilla
1/2 cucharadita de cardamomo, de canela
    en polvo y de cúrcuma
1 cucharadita de ralladura de limón

1. Lavar el arroz hasta que el agua salga clara. Echarlo en una cacerola, cubrirlo con agua, salar un poco y cocerlo 30 minutos. Apagar el fuego y dejarlo que repose 10 minutos.

2. Escaldar las pasas y dejarlas reposar 5 minutos. Tostar las almendras hasta dorarse. Picar la cebolla. Pelar el plátano y cortarlo en rodajas.

3. Derretir la mantequilla y pochar la cebolla. Agregar el plátano y sofreírlo 3 minutos. Mezclar el arroz y sazonar con la sal y las especias. Escurrir las pasas y mezclarlas con el arroz y con la ralladura de limón. Servir con la almendra extendida por encima.

Arroz con uvas pasas y vainilla

Tiempo de preparación: 70 minutos

Para 2 personas (aprox., 680 kcal por ración):
120 g de arroz integral, 50 g de uvas pasas
1 cucharadita de vainilla en polvo, 200 g de nata
3 cucharadas de miel, ralladura de limón
1 cucharadita de canela en polvo, sal marina

1. Tras lavar el arroz y las uvas pasas, escurrir bien. Mezclar y revolver la nata con 300 ml de agua, y poner a hervir la vainilla en polvo, la miel y la ralladura de limón con una pizca de sal.

Agregar el arroz y las uvas pasas, tapar y cocer 40 minutos revolviendo de vez en cuando.

2. Apagar el fuego y dejar que el arroz repose 20 minutos. Espolvorear de canela y servir.

Arroz con manzanas y cebolla

Tiempo de preparación: 45 minutos

Para 2 personas (aprox., 360 kcal por ración):
100 g de arroz integral de grano largo
Sal, 3 manzanas , 3 cebollas, salsa Worcester
1 1/2 cucharadas de aceite de girasol

1. Lavar el arroz varias veces, hasta que el agua salga clara. Echarlo en una cacerola, cubrirlo con agua, salar un poco y cocerlo 30 minutos a fuego lento. Apagar el fuego y mantenerlo en reposo 10 minutos. Lavar y partir las manzanas en cuartos; descorazonarlas y laminar los cuartos fino. Pelar las cebollas y cortarlas en aros.

2. Calentar el aceite y sofreír la cebolla y la manzana 5 minutos, revolviendo con frecuencia. Agregar el arroz y sazonar con sal y unos chorritos de salsa worcester.

Arroz con pleurotos

Tiempo de preparación: 45 minutos

Para 2 personas (aprox., 530 kcal por ración):
250 g de arroz natural, sal marina
300 g de pleurotos, 1/2 manojo de perejil
1 cucharada de mantequilla
Sal de hierbas aromáticas
2 cucharadas de salsa de soja oscura

1. Lavar el arroz, hasta que el agua salga clara. Echarlo en una cacerola, cubrirlo de agua, salar un poco y cocerlo 30 minutos. Apagar el fuego y dejar que repose 10 minutos.

2. Frotar las setas, limpiarlas y cortarlas en tiras finas. Pelar y picar la cebolla. Lavar el perejil, secarlo en la centrifugadora y picarlo.

3. Calentar la mantequilla y pochar la cebolla. Sofreír las setas 5 minutos con la cebolla. Sofreír a la vez el arroz, 3-5 minutos, sin parar de revolver. Sazonar con sal de hierbas y salsa de soja. Servir espolvoreado de perejil.

Ensalada de arroz con manzana

Tiempo de preparación: 45 minutos

Para 2 personas (aprox., 490 kcal por ración):
100 g de arroz natural, 1 cebolla roja
2 manzanas reblandecidas, 1 pimiento amarillo
1/2 bulbo de hinojo, 1 pepino pequeño
100 g de maíz, 1 trozo de jengibre fresco
1/2 manojo de perifollo, sal marina
1 cucharada de vinagre de sidra
Sal de hierbas aromáticas, anís en polvo
1 cucharadita de zumo de manzana
1 cucharada de aceite de girasol

1. Lavar el arroz. Echarlo en una cacerola, cubrirlo con agua, salar un poco y cocerlo 30 minutos. Apagar el fuego y dejar que repose 10 minutos.

2. Lavar y trocear las manzanas. Limpiar el hinojo, lavarlo y rallarlo. Picar la cebolla. Picar menudo el pimiento. Pelar el pepino y trocearlo menudo.

3. Mezclar la manzana, el hinojo, la cebolla, el pimiento, el pepino, el arroz y el maíz. Pelar y picar el jengibre. Lavar el perifollo, secarlo y picarlo reservando algunas hojitas.

4. Mezclar y revolver el vinagre con la sal de hierbas, el anís en polvo y el zumo de manzana. Incorporar el aceite batiendo. Agregar el jengibre y el perifollo picado. Aliñar la ensalada con la mezcla y adornarla con el perifollo restante.

1 **Arroz con almendras y plátano**

2 **Ensalada de arroz con manzana**

3 **Arroz con pleurotos**

1

2

3

'Souffle' de brécol y espelta

En remojo: toda la noche
Tiempo de preparación: 50 minutos
Tiempo de cocción: unos 20 minutos

Para 2 personas (aprox., 675 kcal por ración):
120 g de espelta, 600 g de brécol, sal marina
250 g de queso fresco (20% de materia grasa)
Pimienta, 100 ml de agua mineral
1/2 manojo de perejil, 200 g de queso de oveja
1/2 manojo de cebollinos, 2 yemas
3 cucharadas de almendra laminada
Mantequilla para el molde

1. Echar la espelta en una cacerola, cubrirla con agua y dejarla en remojo toda la noche.

2. Al día siguiente poner a hervir la espelta en el agua, tapar y cocer 25 minutos a fuego lento.

3. Lavar y partir el brécol en rosetas. Pelar los tronchos y picarlos. Hervir agua con sal y cocer el brécol 6-8 minutos, hasta que esté al dente. Retirarlo, enfriarlo y escurrirlo.

4. Batir el queso fresco con la pimienta, el agua y las yemas hasta lograr una masa cremosa. Lavar las hierbas aromáticas, secarlas, o cortarlas en aritos e incorporarlas a la masa del queso. Sazonar la mezcla con sal y pimienta.

5. Quitar el agua a la espelta y escurrirla. Precalentar el horno a 175 ºC. Untar con mantequilla un molde refractario.

6. Poner en el molde la mitad del brécol y extender por encima el queso con las hierbas. Repartir la espelta sobre el queso y acompañar el brécol restante. Distribuir la almendra sobre el conjunto y desmenuzar el queso de oveja. Gratinar (en el centro del horno, con el aire de circulación a 150 ºC) unos 20 minutos.

Variante:
El queso fresco con hierbas y el de oveja se pueden sustituir por nata y parmesano. De ser así, se revuelven y mezclan 100 g de nata con 150 ml de caldo de verduras y 1 yema. Se añade 1 diente de ajo y una pizca de pimienta de Cayena. Rallar unos 80 g de parmesano y gratinar 15 minutos.

Judías y espelta gratinadas

En remojo: toda la noche
Tiempo de preparación: 45 minutos
Tiempo de cocción: unos 15 minutos

Para 2 personas (aprox., 595 kcal por ración):
100 g de espelta, 500 g de judías verdes
1 1/2 cucharadas de aceite de girasol
1 1/2 cucharadas de caldo de verduras
1 cucharadita de ajedrea seca
100 g de nata agria, sal marina
1-2 cucharaditas de curry en polvo, 1 cebolla
100 g de queso (60% de materia grasa; por
    ejemplo, raclette o emental)
Mantequilla para el molde

1. Poner la espelta en una cacerola, cubrirla lo justo con agua y dejarla en remojo durante toda la noche.

2. Al día siguiente hervir la espelta con el agua del remojo y cocerla 25 minutos a fuego lento.

3. Lavar las judías, limpiarlas y cortarlas en pedazos de unos 3 cm de longitud. Pelar la cebolla y trocearla menudo. Precalentar el horno a 160 °C.

4. Calentar el aceite en una sartén y pochar la cebolla a fuego lento. Agregar las judías, sofreírlas un instante, taparlas y rehogarlas 20 minutos a fuego medio, añadiendo de vez en cuando un poco de agua. Sazonar con el caldo y la ajedrea. Retirar el agua a la espelta y escurrirla.

5. Untar con mantequilla un molde refractario. Mezclar las judías y la espelta y pasar la mezcla al molde. Mezclar y revolver la nata agria con el curry y la sal; el resultado extenderlo sobre la mezcla de judías y espelta. Rallar el queso y repartirlo sobre el souffle. Gratinar (en el centro del horno, con el aire de circulación a 140 °C) durante 12-15 minutos.

Variante:
Se limpian 200 g de champiñones y se raspan si fuera necesario, para luego laminar y sofreír con las judías.

Mijo gratinado

Tiempo de preparación: 45 minutos
Tiempo de cocción: unos 15 minutos

Para 2 personas (aprox., 530 kcal por ración):
100 g de mijo, 1 cebolla, 1 pimiento rojo
400 ml de caldo de verduras vegetariano
250 g de pleurotos, 2 chiles rojos
1 1/2 cucharadas de mantequilla
1 cucharadita de sambal oelek, sal marina
2 cucharadas de hierbas aromáticas picadas
4 cucharadas de nata agria
80 g de camembert (60% de materia grasa)
Mantequilla para el molde

1. Enfriar bruscamente el mijo caliente y escurrirlo. Cubrirlo luego con el caldo, ponerlo a hervir, tapar la cacerola y cocerlo durante 15 minutos. Apagar el fuego y dejar reposar 10 minutos.

2. Pelar y picar la cebolla. Frotar las setas, limpiarlas y cortarlas en tiras. Partir a la mitad el pimiento, limpiarlo, lavarlo y trocearlo. Lavar los chiles. Derretir la mantequilla y pochar la cebolla. Agregar las setas, el pimiento y los chiles y sofreír todo 12-15 minutos.

3. Precalentar el horno a 180 °C. Untar con mantequilla un molde refractario. Retirar los chiles. Sazonar con sambal oelek y sal. Mezclar y revolver el mijo, la nata agria y las hierbas; pasar la mezcla al molde. Trocear el camembert y extenderlo. Gratinar (en el centro del horno, con el aire de circulación a 160 °C) unos 15 minutos.

Albóndigas de apio

En remojo: 10 minutos
Tiempo de preparación: 70 minutos

Para 2 personas (aprox., 745 kcal por ración):
1 bulbo de apio pequeño, 2 yemas, pimienta
200 g de queso fresco (20% de materia grasa)
160 g harina integral de espelta, sal de apio
Pimentón dulce, 1 manzana reblandecida
6 cucharadas de hierbas picadas
2 cucharadas de pan integral, 75 g de nata agria
3 cucharadas de aceite de girasol
100 g de yogur natural (3,5% de materia grasa)
4 cucharadas de hierbas picadas (perejil o
perifollo)

1. Lavar y limpiar el apio. Poner agua a hervir y cocer el apio sin pelar unos 25 minutos. Retirarlo, pelarlo una vez frío y rallarlo fino.

2. Mezclar y revolver el queso fresco y las yemas, incorporando la harina poco a poco. Sazonar intensamente con especias. Lavar la manzana, rallarla con su piel y mezclarla con el queso fresco, el apio y las hierbas.

3. Hacer albondiguillas con las manos humedecidas y rebozarlas en pan rallado. Calentar aceite y freírlas 10 minutos, haciéndolas por un igual.

4. Mezclar y revolver la nata agria con el yogur, la sal, la pimienta y las hierbas. Servir la mezcla con las albóndigas.

Croquetas de copos de avena

Tiempo de preparación: 50 minutos

Para 2 personas (aprox., 730 kcal por ración):
1 cebolla grande, 120 g de copos de avena
1 1/2 cucharadas de mantequilla
300 ml de caldo de verduras vegetariano
1 cucharadita de hojitas de mejorana frescas
100 g de apio de bulbo, sal marina
2 cucharadas de avellanas poco picadas
2 cucharadas de pan integral rallado, 1 yema
700 g de brécol, sal marina, 75 g de nata agria
100 g de yogur natural (3,5% de materia grasa)
2 cucharadas de perejil picado
3 cucharadas de aceite de oliva

1. Pelar la cebolla y cortarla en aros. Derretir la mantequilla y pochar la cebolla. Agregar los copos de avena, el caldo, la mejorana y, revolviendo, cocer hasta hacer una papilla. Mezclar y revolver la yema; dejar que enfríe. Pelar y rallar el apio e incorporarlo con las avellanas. Hacer 8 croquetas y rebozarlas por pan rallado.

2. Lavar y partir el brécol en rosetas. Pelar los tronchos y picarlos; hervir agua con sal y cocerlo 6-8 minutos. Reservar 100 g de brécol y hacer con el resto una crema con la nata agria y el yogur. Salar y añadir el perejil. Calentar el aceite y freír las croquetas 12-15 minutos. Servir el brécol reservado con las croquetas y la crema fría.

Hamburguesas de mijo

Tiempo de preparación: 45 minutos

Para 2 personas (aprox., 620 kcal por ración):
100 g de mijo
300 ml de caldo de verduras vegetariano
1 1/2 cucharadas de mantequilla
4 cucharadas de aceite de girasol
80 g de nata
Sal marina
1 cebolla
1 yema

1. Lavar el mijo en agua caliente y escurrirlo. Mezclar y revolver el caldo con la nata y la sal, agregar el mijo y cocerlo sin parar de revolver. Tapar y hervirlo 15 minutos a fuego lento.

2. Pelar y picar la cebolla. Derretir la mantequilla y pochar la cebolla a fuego lento. Mezclar y revolver la cebolla y la yema con la papilla de mijo. Rectificar de sal.

3. Hacer con la masa 8-10 hamburguesas pequeñas. Calentar la mitad del aceite y freír las hamburguesas 1 minuto por cada lado.

Como guarnición, **Escarola rizada con pimiento y berros** (receta p. 27).

Hamburguesas de grano verde con verduras a la salvia

En remojo: 30 minutos
Tiempo de preparación: 30 minutos

Para 2 personas (aprox., 760 kcal por ración):
Para las hamburguesas:
1 cebolla
1/2 manojo de perejil
1 1/2 cucharadas de mantequilla
160 g de grano verde molido
1 1/2 cucharadas de caldo de verduras
    vegetariano
1 cucharadita de levística seca
2 cucharadas de semillas de girasol picadas
1 yema
2 cucharadas de pan rallado integral
3 cucharadas de aceite de girasol
Para la verdura:
300 g de zanahorias
300 g de colinabo
1 cebolla
1 cucharada de mantequilla
100 g de caldo de verduras vegetariano
1/2 manojito de salvia
3 cucharadas de nata

1. Pelar la cebolla y trocearla menudo. Lavar el perejil, agitarlo hasta que seque y picarlo fino. Derretir la mantequilla en una cacerola y pochar en ella la cebolla a fuego lento.

2. Mezclar y revolver el grano verde molido, verter 1/4 l de agua y, a fuego lento, cocerlo sin dejar de revolver en ningún momento. Sazonar la masa de grano verde con el caldo y la levística.

3. Mezclar el perejil, las pepitas de girasol y la yema con la masa de grano verde y revolver hasta que se forme una papilla consistente. Apartar la masa y dejarla en reposo 30 minutos.

4. Entre tanto, para preparar las verduras a la salvia se limpian primero las zanahorias y el colinabo y después se pelan y cortan en daditos. Pelar la cebolla y picarla.

5. Derretir la mantequilla y pochar la cebolla a fuego lento. Agregar la verdura y sofreírla 3 minutos. Añadir el caldo, tapar la cacerola y rehogar la verdura 10 minutos a fuego lento.

6. Mientras, lavar la salvia, agitarla hasta que seque y picarla. Extender sobre un plato el pan integral rallado.

7. Humedecer las manos, hacer hamburguesas con la masa de grano verde y pasarlas por el pan rallado.

8. Calentar el aceite en una sartén y freír las hamburguesas a fuego lento, dejándolas que se hagan 5 minutos por cada lado.

9. Incorporar la salvia y la nata a las verduras. Servir las hamburguesas junto con una guarnición de verdura.

Variante:
Para preparar los bocadillos de grano verde, se abren a la mitad 2 panecillos integrales y sobre cada mitad inferior se extiende 1 cucharadita de nata agria. Encima se colocan 2 hojas de lechuga, 3 rodajas de pepino y 2 rodajas de tomate. A su vez, sobre todo ello se dispone 1 hamburguesa de grano verde que se unta por encima con 1/2 cucharadita de sambal oelek. Para finalizar, el conjunto se cierra o tapa con la mitad superior del panecillo.
En lugar de con verduras a la salvia, también se acompañan a las mil maravillas de verduras con col rizada o de lombarda con manzana (recetas pp. 40 y 41). Para confeccionar una ensalada neutra como primer plato o como guarnición, véanse las recetas correspondientes en la p. 26 y ss. Estas hamburguesas saben excelentemente bien con las cremas frías de la p. 54.

Crepés de coco rellenas de queso

En remojo: 10 minutos
Tiempo de preparación: 20 minutos

Para 2 personas (aprox., 710 kcal por ración):
Para las crepés:
160 g de harina integral de espelta
2 cucharadas de coco rallado
300 ml de leche agria bebible (o suero)
2 yemas
1 cucharadita de aceite de girasol
Sal marina
30 g de mantequilla
Para el relleno:
2 cucharadas de semillas de girasol
125 g de queso fresco (20% de materia grasa)
2 cucharadas de miel líquida

1. Mezclar la harina y el coco rallado. Mezclar también poco a poco y revolver a mano con unas varillas la leche agria, las yemas, el aceite y la sal hasta formar una masa lisa y elástica. Tapar la masa y dejar que repose 10 minutos.

2. Para el relleno, tostar las semillas de girasol en una sartén antiadherente sin grasa. Mezclar y revolver el queso fresco con la miel. Incorporar a la mezcla las semillas de girasol.

3. Derretir 1 cucharadita de mantequilla en una sartén, echar una cucharada de masa y freírla 3-4 minutos hasta dorarla. Dar la vuelta a la crepé y dorarla otros 3-4 minutos por el otro lado; retirarla luego y mantenerla caliente. Freír con el resto de la mantequilla y de la masa 5 crepés más.

4. Extender las crepés, ponerles el relleno, enrollarlas y servirlas calientes.

Como entrante, una **Ensalada neutra** (recetas p. 26 y ss.).

Crepés de mermelada con ensalada de manzana

En reposo: 25 minutos
Tiempo de preparación: 40 minutos

Para 2 personas (aprox., 935 kcal por ración):
Para las crepés de mermelada:
160 g de harina integral de espelta fina
50 g de nata, 200 g de suero 2 yemas, sal marina
4 cucharadas de mantequilla
Para el relleno:
4 cucharadas de uvas pasas
5 cucharadas de agua
2 manzanas reblandecidas
1 cucharadita de mantequilla
2 cucharadas de jarabe de arce
1 cucharadita de ralladura de un limón
25 g de almendra picada

1. Tamizar la harina sobre una fuente, dejando aparte el salvado que quede. Mezclar a mano con unas varillas la harina, la nata, 100 ml de agua, el suero, las yemas y una pizca de sal hasta lograr una masa lisa. Dejar que la masa repose destapada unos 10 minutos.

2. Mientras, para preparar el relleno poner a remojo las uvas pasas en agua. Lavar y partir las manzanas en cuartos; despepitarlas y cortarlas en rajas estrechas. Derretir la mantequilla y sofreír las rajas de manzana. Agregar las uvas pasas con el agua y la ralladura de limón y confitar 3 minutos.

3. Tostar en una sartén sin grasa 1 cucharada del salvado resultante y la almendra; luego, extender el resultado sobre la ensalada de manzana.

4. Calentar 1 cucharada de mantequilla en una sartén, echar una cuarta parte de la masa y, a fuego medio, freírla 3 minutos. Darle la vuelta a la crepé y freírla por el otro lado otros 3 minutos. Retirarla y mantenerla caliente. Hacer 3 crepés más con la pasta y freírlas en el resto de mantequilla. Servir con ensalada de manzana.

Pizza de cebolla con queso de oveja

En reposo: 45 minutos
Tiempo de preparación: 30 minutos
Tiempo de cocción: unos 20 minutos

Para 1 molde de pizza (Ø 28 cm; aprox., 705 kcal por ración):
Para la masa:
200 g de harina integral de espelta fina
1 cucharada de aceite de oliva
1 cucharadita de sal marina
Mantequilla para el molde, 1 dado de levadura
Para la guarnición:
3 cucharadas de aceite de oliva
2 cebollas, sal de hierbas, 1 diente de ajo
1/2 manojo de perejil liso
100 g de queso de oveja
1 cucharadita de orégano seco
100 g de queso de oveja

1. Para la masa previa, disolver la levadura en 60 ml de agua templada y -revolviendo sin parar- mezclar 2 cucharadas de harina. Tapar y mantener en reposo 20 minutos en un lugar cálido.

2. Verter el resto de la harina en una fuente, hacer un hueco y echar 60 ml de agua templada, aceite, sal y la masa previa. Amasar hasta conseguir una masa elástica y homogénea.

3. Engrasar el molde con mantequilla. Extender la masa en el molde y apretarla hasta cubrir todo el fondo. Formar un reborde. Tapar y dejar que la masa repose 20 minutos en un lugar cálido.

4. Precalentar el horno a 200º C. Pelar las cebollas y cortarlas en aros. Calentar la mitad del aceite y pochar las cebollas a fuego lento. Sazonar con la sal de hierbas.

5. Pelar el ajo y aplastarlo sobre el aceite. Lavar el perejil, secarlo, picarlo y añadirlo. Extender la mezcla sobre la masa de pizza. Distribuir la cebolla por encima, esparcir sobre ella el orégano y desmenuzar sobre el conjunto el queso de oveja. Cocer la pizza (en el centro del horno, con el aire circulando) unos 18-20 minutos.

Pizza de pimiento con mozzarella

Tiempo de preparación: 30 minutos
Tiempo de cocción: unos 20 minutos

Para 1 molde pizza (Ø 28 cm; aprox., 880 kcal por ración):
Para la masa:
225 g de harina integral de espelta fina
125 ml de queso fresco magro, 1 yema
4 cucharadas de aceite de girasol
1/2 cucharadita de sal marina
1 envase pequeño de levadura en polvo
Mantequilla para el molde
Para la guarnición:
1 cebolla, 1 pimiento rojo, 1 pimiento verde
1 1/2 cucharadas de aceite de oliva
Sal de hierbas, 1-2 cucharaditas de orégano seco
125 g de mozzarella
Unas hojitas de albahaca

1. Amasar la harina con el queso fresco, la yema, el aceite, la sal y la levadura en polvo hasta lograr una masa lisa y homogénea.

2. Untar con mantequilla el molde de la pizza y disponer la masa. Apretarla con las manos hasta cubrir todo el fondo. Formar un reborde a lo largo del contorno.

3. Precalentar el horno a 200 ºC. Pelar la cebolla y cortarla en aros finos. Partir a la mitad los pimientos, limpiarlos, lavarlos y cortarlos en tiras.

4. Calentar el aceite y pochar los aros de cebolla a fuego lento. Agregar las tiras de pimiento y sofreírlas 5 minutos. Sazonar con la sal de hierbas y con orégano. Escurrir la mozzarella y cortarla en láminas.

5. Extender la verdura sobre la masa y cubrirla con la mozzarella. Cocer la pizza (en el centro del horno, con el aire de circulación a 180º C) unos 20 minutos.

Como guarnición, una **Ensalada neutra** (recetas p. 26 y ss.).

Empanadillas de sésamo

Tiempo de preparación: 45 minutos
Tiempo de cocción: unos 15 minutos

Para 2 personas (aprox., 790 kcal por ración):
Para la masa:
200 g de harina integral de espelta fina
1/2 envase pequeño de levadura en polvo
30 g de nata, 2 cucharadas de aceite de oliva
Sal marina, 2 cucharadas de mantequilla fría
Para el relleno:
200 g de champiñones, 1 cebolla grande
1 cucharada de aceite de girasol, sal
Pimienta, un poco de mantequilla rala
1 yema, 3 cucharaditas de semillas de sésamo
Mantequilla para la placa de hornear

1. Mezclar la harina y la levadura y amasarlas con 50 ml de agua, nata, aceite, sal y mantequilla hasta formar una masa elástica y homogénea. Envolverla en una hoja de film transparente y dejar que repose 15 minutos en el frigorífico.

2. Limpiar los champiñones y picarlos. Pelar y picar la cebolla. Calentar el aceite y pochar la cebolla a fuego lento. Agregar los champiñones y sofreírlos durante 5 minutos. Salpimentar y dejarlos enfriar.

3. Precalentar el horno a 180 ºC. Engrasar la placa de hornear. Dividir la masa en 8 partes iguales y estirarlas entre el plástico transparente formando círculos finos. Untar la masa con mantequilla rala. Extender el relleno en una mitad de las tortitas formadas con la masa y doblar por encima la otra mitad. Colocar las empanadillas en la placa del horno.

4. Batir la yema, untar con ésta las empanadillas y espolvorearlas de sésamo. Cocerlas (en el centro del horno, con el aire de circulación a unos 160 ºC) durante 12-15 minutos.

1 **Pizza de cebolla con queso de oveja**

2 **Pizza de pimiento con mozzarella**

3 **empanadillas de sésamo**

Pasta

Aparte de por su textura característica y propiedades saludables, la pasta elaborada según los gustos italianos, asiáticos o españoles goza de general aceptación debido a las múltiples e interesantes preparaciones que admite. Fórmulas que incluyen ingredientes muy apreciados y especias de sutiles aroma y sabor.

En las páginas siguientes se recogen apetitosas recetas de rápida preparación, así como sugerencias y trucos relacionados con la cocina de la pasta. El presente capítulo de recetas incluye platos de pasta con variantes de gran actualidad, tanto dulces como picantes, gratinadas unas veces y preparadas en forma de ensaladas otras.

Recetas de pasta

Pasta: irresistible

Además de muy variada y gustosa, la pasta se tiene por una extraordinaria fuente de energía. Concretamente la pasta integral de trigo es muy rica en vitamina B y aporta una elevada proporción de sustancias de lastre. También aporta felicidad, don éste que no sólo depende de las apetitosas recetas.

¿Son todas las pastas iguales? Las integrales son preferibles a las de harina fina. Y es que, además de digerirse más lentamente que las segundas, evitando así la falta de azúcar, proporcionan sustancias de contenido más saludables. Ahora bien, no todas las pastas integrales ofrecen tan buen sabor ni presentan tan excelente aspecto. Muchas veces se elaboran mezclando ciertos ingredientes que les hace parecer más saludables. Motivo por el que se hace preciso dar con un buen fabricante, pues una pasta integral no tiene por qué ser obligatoriamente de color pardo oscuro ni resultar insípida.

Los **espaguetis, macarrones** y demás variedades de las apreciadas pastas italianas, por lo general se confeccionan con sémola de trigo duro y sin huevo, que las hace muy apropiadas para la dieta disociada. Por ello, de entre las ofertadas en el mercado deben escogerse aquéllas cuya elaboración se anuncie explícitamente sin huevo, o bien prepararlas personalmente en casa.

Pastas de espelta. Hoy día son muchos los fabricantes que ofertan múltiples variantes de pastas. Para Hildegard von Bingen la espelta ya representaba una medicina prodigiosa. Aparte de esto, cada vez tiene mayor aceptación por su sabor a nuez.

Posibilidades combinatorias

La pasta forma parte del grupo de los hidratos de carbono. Según sus variedades y preparación (picante o dulce, como ensalada o como plato caliente), admite diversos ingredientes:

Mantequilla, aceite, mayonesa elaborada con aceites de calidad, margarina de grasas no endurecidas, yemas de huevo, nata, nata agria, suero, kéfir, yogur, todas las clases de queso del grupo neutro, manzanas reblandecidas, frutas secas, dátiles, higos, miel, jarabe de arce.

Pescado y carne crudos; por ejemplo salmón marinado, caviar, jamón crudo, salami.

Acelgas, achicoria, aguacates, ajo, alcachofas, apio, berenjenas, berza, brécol, calabacín, cebolla, chucrut, col china, col rizada, coles de Bruselas, coliflor, colinabo, ensaladas de hoja, espárragos, espinacas, frutos secos, guisantes verdes, hinojo, judías verdes, lombarda, maíz fresco, pepino, pimientos, rabanitos, rábano, remolacha, rucola, setas, tomate crudo, zanahoria.

Ajo de oso, azafrán, berros, canela en polvo, cardamomo, clavo, cúrcuma, curry en polvo, eneldo, hierbas provenzales, levística, mejorana, orégano, perejil, perifollo, pimienta, romero, salsa worcester, sambal oelek, tomillo.

Muy importante. Según las normas de la dieta disociada, debe prescindirse de una de las combinaciones más solicitada: pasta con salsa de tomate (el tomate cocido se integra en el grupo de las proteínas). Sucedáneos aceptables son el pesto y las salsas preparadas con nata, queso o crema de soja.

Preparación adecuada

Se precisan unos 80 g de pasta por ración. Debe calentarse agua suficiente, 3/4 l como mínimo, en una cacerola grande y alta. Durante la cocción se sala el agua, se incorpora la pasta y se añade un poco de aceite (aprox., 1 cucharadita). A los 2 minutos de cocción se remueve bien la pasta. El tiempo total del proceso depende del tamaño y de la forma de la pasta: el reseñado en el envase es aproximado u orientativo. Para comprobar si la pasta está al dente, deben efectuarse pruebas intermedias. Si la cocción se prolonga en exceso, la pasta se vuelve harinosa y se pega. Una vez cocida, no debe enfriarse bruscamente (a no ser que se pretenda una ensalada de pasta), sino que se le debe quitar el agua y mezclarla de inmediato con un poco de aceite o salsa.

La salsa primero, la pasta después

Tratándose de este tipo de platos, primero se prepara la salsa y después la pasta. Por tanto, la salsa ya elaborada debe esperar por la pasta. En la mayoría de los casos la salsa es posible calentarla sin problemas en el microondas, o, tras la adición de un poco de líquido, en la olla; no puede decirse lo mismo de la pasta, pues su calidad se resentiría.

Receta básica del pesto (para 1/4 l)
2 manojos de albahaca, 25 g de pecorino
25 g de parmesano, 2-3 dientes de ajo
100 ml de aceite de oliva de calidad
40 g de piñones

Deshojar la albahaca. Rallar el pecorino y el parmesano. Majar en el mortero el ajo y los piñones. Con la ayuda de la batidora o del robot de cocina, reducir a crema todos los ingredientes, excepto el aceite. Incorporar el aceite poco a poco. En un tarro de cristal, el pesto se conserva varias semanas en el frigorífico (bajo una capa de aceite de oliva).

Recetas ràpidas

Hay recetas rápidas cuya elaboración requiere salsas que no pueden faltar en el frigorífico... Los ingredientes están pensados, en cada caso, para 2 personas.

La más famosa, rápida y original. Spaghetti aglio e olio (Espaguetis con ajo y aceite)

Poner el agua para los espaguetis. Laminar fino 2-3 dientes de ajo. Preparar los espaguetis (en este caso son preferibles los no integrales), según las indicaciones del envase. Poco antes de finalizar el tiempo de cocción, calentar algo 50 ml de aceite en una sartén. Agregar el ajo y sofreírlo 2 minutos. Para que el ajo no se tueste, el aceite no ha de estar muy caliente, pues en caso contrario adquirirá un sabor amargo. Escurrir un instante la pasta y mezclarla de inmediato con el aceite y el ajo. Salpimentar y servirla recién hecha.

Para caer rendido: la variante estival. Espaguetis con rucola

Poner el agua para los espaguetis. Lavar un manojo de rucola, agitarlo hasta que seque y picarlo. Pasarlo a una fuente y salpimentar ligeramente. Esparcir 6 cucharadas de aceite sobre la rucola y mezclar todo. Preparar los espaguetis (se recomienda que no sean integrales), según las indicaciones del envase. Escurrirlos un poco (no hay problema en que quede algo del agua de cocción) y, aún calientes, mezclarlos en la fuente con la rucola. Distribuirlos en dos platos, rallar sobre ellos parmesano fresco y servir sin espera.

'Spätzle' integrales caseros

Mezclar y revolver **2 yemas, 1/2 cucharadita de sal marina y 100 ml de agua fría**. Amasar con la mezcla **100 g de harina integral de espelta o de trigo** muy molida. Dejar que la masa repose destapada algún tiempo. Poner a hervir 3/4 l de agua con **1 cucharadita de caldo de verduras vegetariano** Extender la masa de los spätzle sobre una tabla de madera y, con un cuchillo ancho de hoja sin filo, rallar unas láminas finas sobre el agua hirviendo. Cuanto más finas sean las láminas, mejor. Mantener los spätzle unos 3 minutos en el agua hirviendo, retirarlos con una espumadera y ducharlos un momento con agua fría. Rociarlos con unas gotas de aceite para que no se peguen.

Los spätzle caseros se preparan con anterioridad; tapados, su conservación resiste sin problemas dos días. Se acompañan de cebolla frita y queso, o de una salsa de setas silvestres con ensalada.

Espaguetis picantes

Tiempo de preparación: 25 minutos

Para 2 personas (aprox., 665 kcal por ración):
180 g de espaguetis integrales
Sal marina, 6-8 dientes de ajo
4 tomates carnosos
1 manojito de albahaca
6 cucharadas de aceite de oliva
50 g de nata
Sal de hierbas aromáticas
1-2 cucharaditas de sambal oelek

1. En abundante agua con un poco de sal, cocer los espaguetis al dente. Pasados 10-12 minutos, quitarles el agua y escurrirlos.

2. Pelar el ajo y laminarlo fino. Lavar los tomates y retirarles la inserción del tallo; luego, cortarlos en rodajas y disponerlos en un plato. Sazonar con sal. Lavar la albahaca, agitarla hasta que seque, picarla y repartirla por encima.

3. Calentar el aceite en una sartén y sofreír el ajo a fuego medio. Incorporar los espaguetis, agregar la nata y calentar todo un momento. Sazonar con sal de hierbas y sambal oelek. Servir con el tomate.

Variante:
Los espaguetis no resultan tan picantes si en vez de sambal oelek se reparte por encima unas hojitas frescas de mejorana.

Espaguetis con salsa de albahaca

Tiempo de preparación: 25 minutos

Para 2 personas (aprox., 545 kcal por ración):
160 g de espaguetis
Sal marina, 1/2 manojo de albahaca
1-2 dientes de ajo, 5 almendras
60 ml de caldo de verduras vegetariano
1 cucharada de aceite de oliva
60 g de parmesano rallado
150 g de tomates cherry
6 aceitunas negras

1. Echar los espaguetis en abundante agua con un poco de sal y cocerlos al dente durante 10-12 minutos.

2. Lavar y deshojar la albahaca. Reservar algunas hojitas y poner el resto en un recipiente alto. Pelar los dientes de ajo y agregarlos partidos a la mitad. Reducir todo a crema junto con las almendras, el caldo y el aceite. Acompañar el queso, revolviendo de continuo.

3. Lavar los tomates y partirlos a la mitad. Quitar el agua a los espaguetis, escurrirlos y mezclarlos con la salsa de albahaca. Adornarlos con aceitunas, tomates y hojas de albahaca.

Como guarnición, **Pimientos al horno** (receta p. 44).

Pasta de calabacín con queso de oveja

Tiempo de preparación: 25 minutos

Para 2 personas (aprox., 470 kcal por ración):
160 g de pasta en espiral, sal marina
2 calabacines pequeños, 1 cebolla
1-2 dientes de ajo, 1/2 manojo de perejil
1 1/2 cucharadas de aceite de oliva
1 cucharadita de hojitas frescas de orégano
80 g de queso de oveja, sal de hierbas

1. Cocer la pasta al dente en abundante agua con un poco de sal, dejándola 10-12 minutos. Quitarle el agua y escurrirla.

2. Lavar, limpiar y cortar los calabacines en dados. Pelar y picar fino la cebolla y el ajo. Lavar el perejil, agitarlo hasta que seque y picarlo.

3. Calentar el aceite en una sartén y sofreír el ajo a fuego lento. Agregar la cebolla y el calabacín y sofreírlos 4 minutos, también a fuego lento, revolviéndolos con frecuencia. Sazonar con sal de hierbas y orégano. Añadir la pasta. Servir con el queso desmenuzado sobre la mezcla y espolvorear de perejil.

Como entrante, **Lechuga repolluda con vinagreta de hierbas** (receta p. 32).

Tallarines con salsa de almendras

Tiempo de preparación: 25 minutos

Para 2 personas (aprox., 600 kcal por ración):
160 g de tallarines estrechos, sal marina
1 manojo de cebolletas, 2-3 dientes de ajo
2 ramitas de mejorana fresca
2 cucharadas de aceite de girasol
40 g de almendra fileteada
60 g de nata, sal de hierbas

1. Calentar agua con un poco de sal y cocer la pasta al dente. Tras 10-12 minutos de cocción, quitarle el agua y escurrir la pasta.

2. Limpiar, lavar y cortar las cebolletas en aros finos. Pelar el ajo y laminarlo. Lavar la mejorana, agitarla hasta que seque y deshojarla.

3. Verter el aceite en una sartén y, removiendo de continuo, sofreír 3-4 minutos la cebolla, el ajo y la almendra.

4. Echar la pasta en la sartén y mezclarla de abajo arriba, agregar la nata y calentar todo. Sazonar con sal de hierbas y servir con la mejorana esparcida por encima.

Como entrante, **'Crudités' de hinojo** (receta p. 33).

Lasaña de verduras

Tiempo de preparación: 30 minutos
Tiempo de cocción: unos 25 minutos

Para 2 personas (aprox., 955 kcal por ración):
Para el relleno:
1 cebolla
2 puerros
15 aceitunas verdes sin hueso
200 g de champiñones
1 pimiento rojo
1-2 dientes de ajo
1 1/2 cucharadas de aceite de oliva
Sal de hierbas
1 cucharadita de caldo de verduras vegetariano
2 cucharaditas de hojitas frescas de orégano
1 cucharadita de hojitas frescas de mejorana
80 g de emental
Mantequilla para el molde
Para la salsa besamel:
2 cucharadas de harina integral de espelta fina
1 cucharada de caldo de verduras vegetariano
25 g de mantequilla
125 g de nata
Además:
9 láminas de lasaña verde (sin cocción previa)

1. Pelar y trocear la cebolla. Limpiar los puerros, partirlos de forma longitudinal, lavarlos bien y cortarlos en tiras finas. Picar las aceitunas.

2. Limpiar los champiñones, frotarlos si fuera preciso y laminarlos fino. Partir a la mitad los pimientos, limpiarlos, lavarlos y trocearlos. Pelar el ajo.

3. Calentar el aceite en una sartén y pochar la cebolla a fuego lento. Agregar la verdura y rehogarla 4-5 minutos, a fuego medio, sin dejar de revolver. Sazonar con sal, caldo, orégano y mejorana. Exprimir el ajo encima y mezclar todo.

4. Para la salsa, derretir la mantequilla en una cacerola. Cocer la harina a cucharadas, mezclarla bien y revolver con 225 ml de agua. Incorporar la nata.

5. Sazonar con el caldo y hervir una vez sin dejar de revolver. Reservar la salsa.

6. Precalentar el horno a 200 ºC. Untar con mantequilla una fuente refractaria grande. Apilar en alternancia sendas capas de verdura, de salsa besamel y de pasta, terminando con una de salsa besamel.

7. Repartir por encima el queso y gratinar la lasaña (en el centro del horno, con el aire de circulación a 180 ºC) durante 25 minutos.

Variante:
Para gratinar, el queso emental se puede sustituir por un queso de corte (60% de materia grasa); por ejemplo, un gouda de nata. Estos quesos se cortan en trocitos, a diferencia de los quesos de leche cruda (45% de materia grasa), como el gruyer, que se rallan.

Mi sugerencia

Salsa sin grumos

Con la batidora se eliminan sin mayor problema los grumos que se forman cuando, al verter el líquido, la salsa besamel no queda lisa. También se puede pasar la salsa por un colador fino, aunque el proceso lleva más tiempo.

Pasta gratinada con espinacas

Tiempo de preparación: 45 minutos
Tiempo de cocción: unos 15 minutos

Para 2 personas (aprox., 935 kcal por ración):
200 g de mantequilla, 180 g de tagliatelle
2 cucharadas de harina integral de espelta fina
100 g de nata, 150 g de espinacas, 1 cebolla
1 diente de ajo, 150 g de champiñones
1 1/2 cucharadas de aceite de oliva, sal marina
Nuez moscada recién rallada
1 1/2 cucharaditas de caldo de verdura
100 g de emental, mantequilla para el molde

1. Para la salsa, derretir la mantequilla en una cacerola y cocer la harina a cucharadas. Removerla con 200 ml de agua hasta lograr una masa lisa y homogénea. Incorporar la nata y hacerla hervir una vez sin dejar de revolver. Reservar la salsa.

2. Lavar y limpiar las espinacas, escurrirlas y picarlas. Pelar y trocear menudo la cebolla y el ajo. Limpiar los champiñones, frotarlos si fuera necesario y laminarlos.

3. Calentar el aceite en una sartén honda y pochar la cebolla y el ajo. Agregar los champiño-

nes y sofreírlos 4 minutos. Acompañar también las espinacas, tapar y cocerlas 4 minutos. Sazonar bien con sal y nuez moscada.

4. Cocer los tagliatelle en abundante agua con un poco de sal unos 8-10 minutos, hasta que queden al dente. Retirarlos y escurriros.

5. Mezclar la verdura con la salsa, sazonar con el caldo y hervir todo unos 5-7 minutos a fuego lento. Untar con mantequilla una fuente refractaria. Precalentar el horno a 200 °C. Rallar el emental.

6. Pasar a la fuente la mitad de la verdura, repartir sobre ella los tagliatelle y esparcir por encima el resto de la verdura. Espolvorear de queso. Gratinar (en el centro del horno, con el aire de circulación a 180 °C) unos 15 minutos, hasta dorarse.

Como entrante, **Lechuga repolluda con vinagreta de hierbas** (receta p. 32).

'Penne' en salsa de nata con espárragos verdes

Tiempo de preparación: 30 minutos

Para 2 personas (aprox., 770 kcal por ración):
160 g de penne, sal marina
500 g de espárragos verdes, 3-5 dientes de ajo
200 g de tomates cherry, 125 g de nata
80 g de gorgonzola (60% de materia grasa)
1 cucharadita de hojitas frescas de mejorana
2 cucharadas de aceite de oliva

1. Cocer los penne en abundante agua con un poco de sal, hasta que tras 10-12 minutos queden al dente. Quitarles el agua y escurrirlos bien.

2. Lavar los espárragos y, una vez limpios, eliminarles el tercio inferior. Cortar los tallos en trozos de 3-4 cm de longitud.

3. Pelar el ajo y laminarlo muy fino. Lavar los tomates y partirlos a la mitad.

4. Poner a hervir 1/4 l de agua con la nata y fundir el gorgonzola en la mezcla sin dejar de revolver. Sazonar la salsa con mejorana.

5. Calentar el aceite en una sartén y pochar el ajo a fuego lento.

6. Agregar los espárragos, sazonarlos con sal y sofreírlos a fuego medio, hasta que sus trozos queden ligeramente dorados.

7. Acompañar la pasta mezclándola de abajo arriba. Verter encima la salsa de queso y calentar de nuevo. Distribuirla en platos y servirla adornada con los medios tomates.

Variante:
Para preparar la salsa de parmesano se pelan dos dientes de ajo, se laminan y se sofríen en 1 cucharada de aceite de oliva hasta dorarse. Se corta el proceso con 50 g de nata y 80 ml de caldo de verduras y se reduce. Tras mezclar -sin parar de revolver- 50 g de parmesano rallado y 1 yema, se calienta todo sin que llegue a hervir. La pasta se sirve con la salsa aparte.

Pasta con rucola y queso de oveja

Tiempo de preparación: 25 minutos

Para 2 personas (aprox., 550 kcal por ración):
180 g de pasta, por ejemplo macarrones
Sal marina
100 g de queso de oveja
1/2 manojo de rucola
1-2 dientes de ajo
3 cucharadas de aceite de oliva
2 cucharadas de almendra molida
1 cucharada de semillas de sésamo
2 cucharadas de perejil picado

1. Cocer la pasta en abundante agua con un poco de sal, hasta que esté al dente. Pasados 10-12 minutos, quitarle el agua y escurrirla.

2. Lavar, limpiar y retirarle a la rucola los tallos más gruesos; luego, picarla. Pelar y picar el ajo.

3. Calentar el aceite en una sartén y rehogar a fuego lento la almendra, el sésamo, el ajo y el perejil, revolviendo sin parar. Sazonar con sal. Agregar la pasta y rehogar todo en conjunto.

4. Mezclar la rucola con la pasta. Desmenuzar por encima el queso de oveja, tapar y dejar que se funda un poco. Emplatar y servir.

Variante:
Como guarnición van muy bien las alcachofas tostadas. Para prepararlas, precalentar el horno a 200 °C. Se limpian 8 alcachofas (cortándoles sobre todo las puntas de las hojas) y dividen a lo largo en dos mitades, se rocían con aceite de oliva por la parte del corte y se salan un poco. Se pelan 3 dientes de ajo, que se pican y distribuyen sobre una placa de hornear. Tras colocar encima las alcachofas con la parte del corte hacia abajo, se tuestan (en el centro del horno, con el aire de circulación a 180 °C). Se dejan escurrir sobre papel de cocina y se sirven con la pasta.

Tallarines con cantarelas

Tiempo de preparación: 40 minutos

Para 2 personas (aprox., 465 kcal por ración):
180 g de tallarines integrales finos
Sal marina
300 g de cantarelas
1 cebolla
1/2 manojo de perejil
1 cucharada de mantequilla
Sal de hierbas
1 cucharada de harina integral de espelta fina
50 g de nata

1. Raspar las setas, limpiarlas y trocearlas fino. Pelar y picar la cebolla. Lavar el perejil, agitarlo hasta que seque y picarlo.

2. Calentar la mantequilla en una sartén y pochar la cebolla picada a fuego lento. Agregar las setas y, sin dejar de revolver, rehogarlas durante 5 minutos.

3. Sazonar con sal de hierbas, espolvorear con harina de espelta y cocer un instante sin parar de revolver. Añadir 150 ml de agua caliente y mezclar todo. Tapar y cocer las setas 10 minutos a fuego lento.

4. Cocer la pasta al dente en abundante agua con un poco de sal. Quitarle el agua y escurrirla.

5. Añadir la nata a la salsa y mezclarla bien con la pasta. Servirla espolvoreada de perejil.

Variante:
Las cantarelas se pueden sustituir por otras setas, frescas o de cultivo, como champiñones o pleurotos. Las setas no deben lavarse, basta con limpiarlas y frotarlas.

Espaguetis con verduras al 'wok'

Tiempo de preparación: 25 minutos

Para 2 personas (aprox., 640 kcal por ración):
180 g de espaguetis finos
Sal marina
150 g de judías verdes
1 cebolla
150 g de champiñones
80 g de brotes de soja
3 cucharadas de aceite de girasol
2-3 cucharadas de salsa de soja
1 cucharadita de ajedrea seca

1. Seguir las indicaciones del envase y cocer los espaguetis, en abundante agua con un poco de sal, hasta dejarlos al dente. A continuación, retirarles el agua y escurrirlos.

2. Lavar y limpiar las judías. Quitarles los hilos si fuera necesario y partirlas en trozos de 3 cm de longitud. Pelar y picar la cebolla. Limpiar los champiñones, frotarlos un poco y laminarlos. Lavar los brotes y escurrirlos.

3. Calentar el wok, verter el aceite y esperar a que caliente. A fuego medio, saltear las judías, la cebolla picada y los champiñones durante unos 12-15 minutos.

4. Sazonar con salsa de soja y ajedrea. Mezclar la pasta y rehogar el conjunto 5 minutos más. Servir los espaguetis con los brotes de soja esparcidos por encima.

1   Tallarines con cantarelas

2   Pasta con rucola y queso de oveja

3   Espaguetis con verduras al 'wok'

Tallarines con miel

Tiempo de preparación: 30 minutos

Para 2 personas (aprox., 585 kcal por ración):
160 g de tallarines, 1 limón, 100 g de nata
1 1/2 cucharadas de miel (por ejemplo, de colza)
1 cucharadita de vainilla molida
1 yema, 2 cucharadas de avellanas picadas

1. Seguir las indicaciones del envase y, en abundante agua hirviendo, cocer la pasta al dente. Luego, quitarle el agua y escurrirla.

2. Lavar el limón, secarlo y rallar 1 cucharada de su piel. Poner a hervir el limón con la nata, 80 ml de agua, la miel y la vainilla. Apartar la cacerola y mezclar la yema revolviendo. Poner de nuevo la cacerola al fuego.

3. Tostar las avellanas en una sartén antiadherente sin grasa, hasta que se vean un poco doradas. Mezclar la pasta con la nata, emplatar y servir con las avellanas esparcidas por encima.

Variante:
Para elaborar la pasta con mantequilla y almendras, se tuestan -sin grasa- 2 cucharadas de bastoncitos de almendra hasta dorarse. Se derrite 1 cucharada de mantequilla, se pasa la pasta por ella y se sirve con los trozos de almendra dorados.

Mi sugerencia

La buena pasta

La pasta debe cocerse en abundante agua. Hay que calcular 1 l de agua, como mínimo, por cada 100 g de pasta. La mejor es la cocida al dente, es decir, la que no queda ni demasiado dura ni blanda. La consistencia depende de la clase y de las características de la pasta. En caso de duda, lo mejor es consultar las indicaciones del envase o hacer pruebas. Como final, decir que sólo debe enfriarse bruscamente con agua fría la pasta destinada a souffles o ensaladas.

'Spätzle' de queso

Tiempo de preparación: 15 minutos

Para 2 personas (aprox., 615 kcal por ración):
160 g de spätzle integrales, sal marina
100 g de emental
2 cucharadas de harina integral de espelta fina
1 cebolla, sal de hierbas
2 cucharadas de aceite de oliva
2 cucharadas de perejil picado

1. Seguir las indicaciones del envase y cocer los spätzle en abundante agua hirviendo, hasta que estén al dente. Después, retirarlos del agua y escurrirlos.

2. Rallar el emental. Verter en un plato la harina de espelta. Pelar y cortar la cebolla en aros finos y pasarlos por la harina de espelta. Calentar el aceite en una sartén y freír los aros de cebolla a fuego medio hasta dorarlos.

3. Mezclar los spätzle y los aros de cebolla y sazonar la mezcla con sal de hierbas. Repartir el queso por encima, tapar la cacerola y fundirlo 3-4 minutos a fuego lento. Servirlos espolvoreados de perejil.

Como primer plato, **Hierba de los canónigos con trozos de tomate** (receta p. 33).

Variante:
Primero se lava 1 puerro, y luego se corta en aros la parte blanca y tierna. El horno se precalienta a 200 °C. Con la mantequilla se unta un molde refractario. Se pone a hervir agua y se blanquean los aros de puerro unos 3 minutos. Finalizado el tiempo, se retiran del agua y se escurren. Se rallan fino 80 g de emental. Después se mezclan el puerro y el queso con los spätzle, se pasa la mezcla al molde y se gratina (en el centro del horno, con el aire de circulación a 180 °C) durante 5 minutos. Quien prefiera los spätzle de elaboración casera, puede ejercitarse con la receta básica que figura en la p. 95.

Pasta con compota de manzana

Tiempo de preparación: 30 minutos

Para 2 personas (aprox., 470 kcal por ración):
4 manzanas reblandecidas
1/2 ramita de canela
140 g de tallarines finos
1 cucharada de mantequilla
1 cucharadita de canela en polvo
Miel

1. Pelar y cortar las manzanas en cuartos; así partidas, descorazonarlas y trocearlas menudo. Ponerlas en una cacerola con 150 ml de agua y la ramita de canela. Hervir todo.

2. Cocer las manzanas 10 minutos a fuego lento. Retirar la ramita de canela y batir la compota a mano con las varillas. Rectificar la compota de manzana con 1 cucharada de miel.

3. Seguir las indicaciones del envase y cocer la pasta al dente en abundante agua con un poco de sal. Después, quitarle el agua y escurrirla.

4. Derretir la mantequilla en una sartén y mezclar 1 cucharada de miel sin parar de revolver. Agregar la pasta y darle vueltas mezclando todo bien.

5. Distribuir la pasta en 2 platos, espolvorear de canela y servir con la compota de manzana.

1 Tallarines con miel y avellanas

2 'Spätzle' de queso

3 Pasta con compota de manzana

Ensalada de pasta y jamón de pavo con aliño de hierbas aromáticas

Tiempo de preparación: 30 minutos

Para 2 personas (aprox., 510 kcal por ración):
160 g de pasta (por ejemplo, espirales)
Sal marina, 150 g de zanahorias
150 g de guisantes (congelados)
1 trozo de pepino, 1 pimiento rojo
100 g de jamón de pavo crudo
1/2 manojo de rucola, 1/2 manojo de perejil
100 g de nata agria, sal de hierbas
100 g de yogur natural (3,5% de materia grasa)
1 cucharada de vinagre de sidra

1. Seguir las indicaciones del envase y cocer la pasta al dente en abundante agua con un poco de sal. Quitarle luego el agua y escurrirla.

2. Limpiar, pelar y partir la zanahoria en trocitos. Poner a hervir agua con un poco de sal. Agregar los trozos de zanahoria y los guisantes y prolongar la cocción durante 8 minutos.

3. Pelar y partir el pepino en trozos pequeños. Partir a la mitad el pimiento, limpiarlo, lavarlo y trocearlo también menudo. Cortar el jamón de pavo en tiras. Lavar la rucola, eliminarle los tronchos más gruesos y hacerla tiras. Lavar el perejil, agitarlo hasta que seque y picarlo.

4. Retirar del agua y escurrir los guisantes y la zanahoria. Mezclar ambos ingredientes con el resto de las verduras, el jamón y la pasta.

5. Para el aliño, batir la nata agria, el yogur y el vinagre de sidra hasta formar un todo cremoso. Sazonar con sal de hierbas y acompañar la rucola. Mezclar y revolver el aliño con la mezcla de verduras, jamón y pasta. Servir espolvoreado de perejil.

Ensalada de pasta con judías y champiñones

Tiempo de preparación: 30 minutos

Para 2 personas (aprox., 620 kcal por ración):
160 g de tallarines finos, sal marina
200 g de judías verdes (o de apio de pencas)
200 g de champiñones, 150 g de mozzarella
1 cucharada de mantequilla, orégano
1 pimiento amarillo, 3 tomates
Para el aliño:
1/2 manojo de albahaca
2 cucharadas de nata agria, sal de hierbas
1 cucharada de aceite de oliva prensado en frío
1 cucharadita de vinagre de sidra, tomillo

1. Seguir las indicaciones del envase y cocer la pasta al dente en abundante agua con un poco de sal. Retirarla luego el agua y escurrirla.

2. Lavar y limpiar las judías, quitarles los hilos en caso necesario y cortarlas en trozos de 3-4 cm de largo. Poner a hervir agua con sal y cocer las judías verdes unos 15-18 minutos, hasta dejar al dente. Retirarlas del caldo y reservar 100 ml del agua de cocción. Escurrir las judías.

3. Limpiar los champiñones, frotarlos si fuera necesario y laminarlos. Derretir la mantequilla en una sartén antiadherente y sofreír los champiñones 5 minutos a fuego medio, hasta que oscurezcan. Sazonar con orégano y sal y dejar que enfríen.

4. Partir a la mitad el pimiento, limpiarlo, lavarlo y trocearlo menudo. Lavar los tomates, eliminarles la inserción del tallo y trocearlos también. Mezclar el pimiento y el tomate con la pasta, las judías y los champiñones. Escurrir la mozzarella y cortarla en lonchas.

5. Lavar la albahaca, agitarla hasta que seque y picarla reservando algunas hojas. Para el aliño, mezclar y revolver la nata agria con un poco del agua de la cocción, aceite, vinagre de sidra, tomillo, sal de hierbas y albahaca. Mezclar el aliño con la ensalada de pasta. Disponer por encima la mozzarella y servir la ensalada adornada con las hojas de albahaca reservadas.

Carne

¿A quién no se le hace la boca agua ante un asado de fiesta, un exquisito plato de carne o un jugoso escalope con ensalada? Son placeres inigualables a los que el seguidor de la dieta disociada no tiene por qué renunciar.

En las páginas siguientes aparecen 15 recetas de carne, desde picantes a refinadas, que siguen las normas de esta dieta. Asimismo, en una doble página extra se ofrece lo fundamental sobre el tema de la carne y se incluyen ideas y sugerencias relacionadas con las recetas favoritas.

Recetas de carne

El placer de comer carne

¿Es la carne un alimento rico en proteínas de alto valor y vitaminas, o más bien no es saludable y sospechosa de provocar enfermedades como la encefalopatía espongiforme bovina? La respuesta está, sin duda, en el consumo moderado. La carne en pequeñas cantidades es un alimento que podemos permitirnos tranquilamente una o dos veces por semana. En cualquier caso debe ser de calidad, a ser posible de granjas ecológicas.

Posibilidades combinatorias

La carne forma parte del grupo de las proteínas. Se puede combinar con:

Mantequilla, aceite, mayonesa elaborada con aceites vegetal, margarinas dietéticas, huevos enteros, nata, nata agria, leche, suero, kéfir, yogur, leche agria bebible, queso fresco (el índice de grasas es irrelevante), embutidos cocidos y crudos, jamón.

Acelgas, achicoria, aguacates, ajo, alcachofas, apio, berenjenas, berza, brécol, calabacín, cebolla, chucrut, col china, col rizada, coles de Bruselas, coliflor, colinabo, ensaladas de hoja, espárragos, espinacas, frutos secos, guisantes verdes, hinojo, judías verdes, lombarda, maíz fresco, pepino, pimientos, rabanitos, rábano, remolacha, rucola, setas, tomate crudo, zanahoria.

Fruta fresca, manzana, cítricos, vinos secos, vinos espumosos, cereales, bayas de enebro.

Especias adecuadas

Orégano, cúrcuma, azafrán, curry en polvo, cardamomo, cilantro, comino, jengibre, mejorana, romero, pimentón picante, hierbas provenzales, ajo de oso, ajo, perejil, cebollino, eneldo, perifollo, estragón, tomillo, salvia, berros, cebolla, acedera, laurel, hojas de lima kafir, bayas de enebro, salsa worcester, sambal oelek, vinagre, limón.

Observaciones sobre ollas y sartenes

Para preparar a la vez el mayor número posible de raciones, la olla ideal para la carne es la más ancha. Además debe contar con una tapa que cierre bien, a fin de que una vez cocinada se mantenga el vapor, persista su aroma y no se reseque.

También deben usarse sartenes antiadherentes, pues con ellas es posible cocinar con poca grasa. Para ciertas clases de carne (por ejemplo, la de pato) no se necesita ningún tipo de grasa. Al contrario, para hacer bistecs y otras carnes de cocción corta son preferibles las sartenes sin capa antiadherente, pues se calientan más y no pasa nada si se rayan. También son las más adecuadas cuando con el jugo de la carne se desea preparar una exquisita salsa.

Mi sugerencia

Carne sí, pero...

La preferible es la magra (por ejemplo, de ave). Así, aunque resulten apetecibles, deben quitarse las partes grasas. La carne contribuye en gran medida a la formación de ácidos, por lo que hay que combinar su consumo con productos formadores de bases. La comida de mediodía es el mejor momento para tomar carne, pues no es de fácil digestión. Ingerida con la cena, resulta pesada al estómago y provoca intranquilidad durante el sueño. Obviamente, su consumo en fiestas e invitaciones supone una excepción.

Crepés de manzana

En reposo: 10 minutos
Tiempo de preparación: 30 minutos

Para 2 personas (aprox., 720 kcal por ración):
4 cucharadas de pasas
150 g de harina integral de espelta fina
300 ml de leche agria bebible (o suero)
2 cucharadas de zumo de manzana
2 yemas, 1 cucharadita de vainilla en polvo
1 cucharadita de ralladura de un limón
Sal marina, 50 g de mantequilla
2 manzanas reblandecidas
Canela en polvo para espolvorear

1. Escaldar las uvas pasas con agua hirviendo y dejar que reposen 5 minutos. Retirarles el agua, escurrirlas y picarlas.

2. Con unas varillas, mezclar y revolver a mano la harina, la leche agria, el zumo de manzana, las yemas, la vainilla en polvo, la ralladura de limón y una pizca de sal hasta lograr una masa lisa y no muy rala. Derretir una cucharada de mantequilla e incorporarla a la masa con las uvas pasas. Dejar que la masa repose destapada unos diez minutos.

3. Lavar las manzanas y partirlas en cuartos; despepitarlas y trocearlas menudo. Mezclar y revolver los trozos de manzana con la masa.

4. Derretir una cucharadita de mantequilla y echar en la sartén 2 cucharadas de masa por crepé. Freírla a fuego medio 1-2 minutos, darle la vuelta y dejar que se haga el mismo tiempo por el otro lado. Retirar la crepé y mantenerla caliente. Freír con el resto de la mantequilla y de la masa otras crepés. Servirlas espolvoreadas de canela.

1 Crepés de coco rellenos de queso

2 Crepés de mermelada con ensalada de manzana

3 Crepés de manzana

Cocción de la carne

Frita en la sartén
Si son de trozos peque-ños (bistecs, medallo-nes), es el procedimien-to más adecuado. Con sólo estar muy caliente la sartén, los alimentos se doran y se hacen en poco tiempo con unas pocas gotas de aceite o de grasa vegetal.

Estofada
Cuando los trozos son mayores, es el proceso más apropiado; además, admite su preparación con toda clase de verdu-ras. Primero se sofríe la carne en grasa caliente, y luego se estofa o se guisa con algo de líqui-do en una olla tapada.

Asada al horno
En el horno precalenta-do se puede preparar carne o volatería dis-puesta en una olla de barro o en una fuente de vidrio resistente al calor. Este tipo de preparación resulta ideal para los asados, donde una vez rehogada, la carne se hace al horno.

Cocida en agua
Como acompañamiento de sopas, los embutidos y las carnes se cuecen en agua o caldo. En este caso se deben tener en cuenta las característi-cas de la cocción, pues, por ejemplo, para no re-ventar los embutidos se exige una cocción muy lenta y suave.

Tiempos de cocción de la carne

Método de cocción	Temperatura	Tiempo
Frito/a la parrilla		**Por cada lado**
Escalope, sin empanar	a fuego vivo 1,5 min por lado; después:	1 min
Chuleta, 1,5 cm grosor	a fuego medio 1,5 min por lado; después:	1,5-2 min
Pechuga de pato	medio/fuerte, sofreír por el lado graso, después:	10 min
Pechuga pollo, escalope pavo	a fuego medio:	5 min
Bistec (750 g, 3-3,5 cm grosor)	sofreír a fuego vivo; después, a fuego medio	2,5 min
Estofar	**Tras sofreír**	**Cocción posterior**
Carne de vaca (1 kg)	a fuego lento	2-3 h
Ternera, cordero o cerdo	a fuego lento	1,5 h
'Gulash' y ragú de vaca	a fuego lento	2,5 h
'Gulash' y ragú de cerdo	a fuego lento	30-35 min
Pierna de cordero	a fuego lento	1,5 h
Al horno		**Cocción posterior**
Rosbif/lomo de vaca	15 min a 250 °C; luego, a 200 °C	15-20 min
Rollo de cerdo	15 min a 220 °C; luego, 180 °C	1,5-2 h.
Pierna, lomo de cordero	180 °C	2 h
Pavo (3,5 kg)	180 °C	1h
Pato	200 °C	1h y 45 min
Pollo (1,5 kg)	200 °C	1 h

Cordero con champiñones y judías

Tiempo de preparación: 1 hora

Para 2 personas (aprox., 670 kcal por ración):
300 g de cordero (de la pierna), 1 cebolla
1 cucharada de aceite de oliva, sal marina
1-2 cucharaditas de pimentón picante
1/2 cucharadita de pimienta de Cayena
1 cucharadita de hojitas de tomillo frescas
1-2 cucharaditas de hojas de romero frescas
300 ml de caldo de verduras vegetariano
Para la verdura:
200 g de champiñones, 3 chalotas
500 g de judías verdes
400 g de tomates maduros
1 cucharada de aceite de oliva
5 cucharadas de nata

1. Lavar la carne en agua fría, secarla y partirla en trozos. Pelar y picar la cebolla.

2. Calentar aceite y sofreír en ella la carne hasta dorarse. Agregar la cebolla y sofreír en conjunto. Sazonar con sal marina, pimentón, pimienta de Cayena, tomillo y romero. Verter el caldo, tapar y guisar la carne 45 minutos a fuego lento.

3. Limpiar los champiñones, frotarlos si fuera necesario y trocearlos en cuartos. Pelar y picar las chalotas. Lavar las judías, limpiarlas y partirlas en trozos de unos 3 cm de largo. Retirarles a los tomates la inserción del tallo. Blanquearlos un poco, pelarlos y trocearlos.

4. Calentar el aceite en una sartén honda y, sin dejar de revolver, rehogar 5 minutos los champiñones, las chalotas y las judías. Añadir el tomate, tapar y estofar 10 minutos revolviendo de vez en cuando. Incorporar la carne a la verdura y estofarla 10 minutos más. Mezclar y revolver la nata. Mantener caliente, rectificar de sal y servir en 2 platos.

Como primer plato, **Hierba de los canónigos con trozos de tomate** (receta p. 33).

Variante:
El proceso es mucho más rápido si la verdura se acompaña de chuletas de cordero fritas. Se salpimentan las chuletas y, tras calentar el aceite de oliva, se fríen a fuego medio dejándolas 2-3 minutos por cada lado.

Potaje de judías y carne picada

Tiempo de preparación: 40 minutos

Para 2 personas (aprox., 700 kcal por ración):
400 g de judías verdes, 1 cebolla, 3 zanahorias
1 pimiento amarillo, 400 g de tomates maduros
1 cucharada de aceite de girasol
350 g de carne picada (vaca o cordero)
2-3 cucharaditas de pimentón dulce
1 cucharadita de ajedrea seca, sal marina
1/8 l de caldo de verduras vegetariano
4 cucharadas de nata

1. Lavar, limpiar y cortar las judías en trozos de unos 3 cm de longitud. Pelar la cebolla y picarla. Limpiar, pelar y cortar de forma transversal las zanahorias en rodajas finas. Partir el pimiento a la mitad, limpiarlo, lavarlo y trocearlo. Quitar a los tomates la inserción del tallo. Escaldar un poco los tomates, pelarlos y trocearlos.

2. Calentar el aceite en una sartén honda y pochar a fuego lento la cebolla picada. Añadir las judías, las rodajas de zanahoria y los trozos de pimiento. Sofreír todo a fuego lento sin dejar de revolver. Desplazar la verdura al borde de la sartén. Poner la carne picada en el centro y, sin dejar de revolver, sofreírla a fuego medio hasta desmigajarla.

3. Agregar los tomates y mezclar todo revolviendo. Sazonar con pimentón, ajedrea y sal marina. Verter el caldo de verduras, tapar y dejar que el potaje hierva 15 minutos a fuego medio. Incorporar la nata y dejar hervir 15 minutos más.

Como primer plato, **Ensalada de tomate** (receta p. 28)

Variante:
Las personas vegetarianas pueden prescindir sin más de la carne picada. En su lugar, se pone la verdura en un molde refractario untado de mantequilla, se recubre con 125 g de mozzarella en rodajas y, con el horno precalentado a unos 200 °C, se gratina (en el centro, con el aire de circulación a 180 °C) unos 10 minutos, hasta que el queso se funda.

Albóndigas de carne con pepino

Tiempo de preparación: 35 minutos

Para 2 personas (aprox., 600 kcal por ración):
1 cebolla, 300 g de carne picada de vaca
2 cucharadas de perejil picado, 1 yema
1 cucharadita de sal de hierbas
1 pizca de pimienta de Cayena
1 cucharadita de orégano seco
1 cucharada de aceite de oliva
Para la verdura:
1 cebolla, 600 g de pepino
100 ml de caldo de verduras vegetariano
1 manojito de eneldo, 4 cucharadas de nata

1. Pelar y picar la cebolla. Mezclarla con la carne picada, el perejil y la yema. Sazonar con sal de hierbas, pimienta de Cayena y orégano. Hacer 8 albóndigas con la masa. Calentar el aceite en una sartén antiadherente y sofreír por un igual las albóndigas a fuego medio. Retirarlas del fuego y mantenerlas calientes.

2. Entre tanto, pelar y picar la cebolla. Pelar los pepinos, partirlos a la mitad de forma longitudinal, despepitarlos con una cuchara y trocear su pulpa.

3. Sofreír la cebolla picada en el resto de salsa de las albóndigas, hasta dorarse. Agregar los trozos de pepino y sofreírlos un instante. Verter el caldo de verduras, tapar y dejar que la verdura se haga 15 minutos a fuego lento.

4. Mientras, lavar el eneldo, agitarlo bien hasta que seque y picarlo. Mezclar y revolver la nata con el pepino; luego, dejar que hierva un momento.

5. Repartir la verdura y las albóndigas de carne en 2 platos y servir espolvoreado de eneldo.

Variante:
En vez de hacer albóndigas, la carne picada se puede sofreír hasta desmigajarse y mezclarla con la verdura. Después se espolvorea con 70 g de queso parmesano recién rallado y, con el horno precalentado a 200 °C, se gratina (en el centro, con el aire de circulación a 180 °C) durante 10 minutos.

Col con salsa de carne picada

Tiempo de preparación: 35 minutos

Para 2 personas (aprox., 680 kcal por ración):
1 col puntiaguda pequeña (o berza)
2 puerros, 1 cucharada de mantequilla
50 g de nata, sal marina
2 cucharadas de caldo de verduras vegetariano
Nuez moscada recién rallada
Para la salsa:
1 cebolla, 400 g de tomates maduros
100 ml de caldo de verduras vegetariano
1 cucharada de aceite de girasol
300 g de carne picada
1-2 cucharaditas de orégano seco
1-2 cucharaditas de pimentón dulce
1 punta de pimienta de Cayena, sal marina
2 cucharadas de nata agria
2 cucharadas de parmesano recién rallado

1. Pelarle las hojas exteriores a la col, partirla luego a la mitad y recortarle el troncho central en forma de cuña. Rallar la col en tiras muy finas. Poner a hervir agua con sal y blanquearla. Pasados 3 minutos, retirarla, enfriarla de repente y escurrirla.

2. Limpiar los puerros, cortarlos de forma longitudinal, lavarlos bien y cortarlos en tiras finas.

3. Calentar la mantequilla en una cacerola y, sin dejar de revolver, sofreír a fuego medio la col y los puerros. Agregar 50 ml de agua y la nata. Sazonar con caldo y nuez moscada. Tapar la verdura y estofarla 10 minutos a fuego lento. A continuación, destapar el recipiente, hervir y continuar revolviendo sin parar hasta reducir casi por completo el líquido.

4. Para la salsa, pelar la cebolla y picarla. Quitar a los tomates la inserción del tallo. Escaldar los tomates, pelarlos y con la batidora reducirlos a crema. Mezclar y revolver la crema con el caldo.

5. Calentar el aceite y, sin parar de revolver, sofreír la carne picada a fuego vivo. Añadir la crema de tomate. Sazonar con las especias e incorporar la nata agria. Repartir en 2 platos la verdura con la salsa de carne picada y servirla espolvoreada de parmesano.

Chuletas de cordero con 'ratatouille'

Tiempo de preparación: 50 minutos

Para 2 personas (aprox., 680 kcal por ración):
1-2 dientes de ajo
2 cucharadas de aceite de oliva
1 cucharadita de romero seco
1 cucharadita de orégano seco
1 cucharadita de tomillo seco
4 chuletas de cordero
Sal marina
Para la ratatouille:
300 g de tomates maduros
1 berenjena pequeña
1 pimiento rojo pequeño
1 pimiento amarillo pequeño
1 calabacín pequeño
1 cebolla
2-3 dientes de ajo
1 cucharada de aceite de oliva
Sal marina
1 cucharadita de tomillo seco
Unas hojitas de albahaca
10 aceitunas negras

1. Para la marinada, pelar y picar el ajo. Mezclar bien el aceite con el ajo, las hierbas y la sal.

2. Lavar la carne con agua fría, secarla con papel de cocina y frotarla con la marinada. Taparla y dejarla en maceración.

3. Entre tanto, eliminar la inserción del tallo a los tomates y escaldarlos, pelarlos, despepitarlos y trocearlos menudo.

4. Limpiar la verdura restante, lavarla y cortarla en trozos de 1 cm de longitud. Pelar la cebolla y el ajo. Picar la cebolla.

5. Calentar el aceite en una sartén y agregar la verdura, el tomate y la cebolla. Sofreír todo 30 minutos a fuego lento, sin dejar de revolver. Exprimir el ajo encima y mezclar. Sazonar con sal y tomillo.

6. Escurrir la carne y freírla en una sartén antiadherente o sobre una plancha caliente, dejándola 4-5 minutos por cada lado.

7. Repartir la carne con la ratatouille en 2 platos y servirla adornada con la albahaca y las aceitunas negras.

Como primer plato, una **Ensalada neutra** (recetas p. 26 y ss.).

Variante:
La ratatouille va muy bien con todas las variedades de carne y pescado fritas. También resulta excelente fría, por lo que es muy apropiada para llevar al trabajo. Como la verdura se incluye en el grupo de las proteínas, no se debe acompañar con pan.

Mi sugerencia

El ajo, remedio casero

¿Qué sería de la gastronomía mediterránea sin el ajo? Aparte de envolver el aire con su intenso aroma característico e impregnar con su sabor los alimentos, los principios activos de este pequeño tubérculo blanco desinfectan todo el aparato digestivo. Efectos saludables que también previenen contra la esclerosis del sistema vascular. Las sustancias de contenido protegen asimismo de las enfermedades infecciosas y reducen el nivel del colesterol en sangre. Además aporta vitaminas A, B1 y C, sustancias minerales y oligoelementos (magnesio, hierro, manganeso, cobre, cinc y yodo). En caso de que su olor o sabor resulten excesivamente fuertes, se puede usar las hojas tiernas del ajo de oso.

Asado suave a la vinagreta

Tiempo de maceración: 24 horas
Tiempo de preparación: 1 hora y 55 minutos

Para 2 personas (aprox., 325 kcal por ración):
300 g de carne de vaca (de contratapa)
300 g de suero
3 cucharadas de vinagre de vino suave
1 hoja de laurel, 5 bayas de enebro
1 cebolla grande
1 cucharada de aceite de girasol
300 ml de caldo de verduras vegetariano
2 cucharadas de nata
Sal de hierbas

1. Lavar la carne, secarla con papel de cocina y ponerla sobre una fuente. Para la marinada, mezclar el suero, el vinagre, la hoja de laurel y las bayas de enebro. Verter la marinada sobre la carne, taparla y dejar que macere 24 horas en el frigorífico.

2. Al día siguiente, pelar y picar la cebolla. Retirar la carne de la marinada y escurrirla. Calentar el aceite de girasol en una cacerola y, revolviendo sin parar, sofreír la carne a fuego vivo. Agregar la cebolla y sofreír a la vez.

3. Cortar con el caldo y añadir 100 ml de la marinada. Tapar y estofar a fuego lento unos 90 minutos.

4. Retirar la carne de la salsa, mantenerla caliente y retirar el laurel y las bayas de enebro.

5. Apartar la salsa del fuego y con la batidora reducirla a crema fina. Incorporar la nata y calentar la salsa. Si fuera necesario, rectificar con sal de hierbas.

6. Cortar la carne en rodajas y servirla en 2 platos con la salsa.

Variante:
De esta misma manera se puede preparar el cordero asado. En tal caso la carne de vaca se sustituye por la de cordero, que se sazona con tomillo y romero antes de proceder al asado.

'Gulash' en salsa de vino tinto

Tiempo de preparación: 1 hora y 30 minutos

Para 2 personas (aprox., 340 kcal por ración):
300 g de carne magra de vaca
1 cebolla
1 pimiento rojo pequeño
300 g de tomates maduros
1 cucharada de aceite de girasol
2 cucharadas de pimentón dulce
2 puntas de pimienta de Cayena
1/8 l de vino tinto
1 cucharadita de cilantro
1 cucharadita de romero
1 cucharadita de tomillo
1 hoja de laurel
200 ml de caldo de verduras vegetariano
5 cucharadas de nata

1. Quitarle a la carne la grasa y los tendones que pueda tener; así limpia, partirla en trozos pequeños. Pelar y picar la cebolla. Partir a la mitad el pimiento, limpiarlo, lavarlo y cortarlo en tiras finas.

2. Eliminarle a los tomates la inserción del tallo, y, una vez escaldados, pelarlos y trocearlos.

3. Calentar el aceite de girasol y sofreír los trozos de carne a fuego vivo, hasta dorarse. Agregar la cebolla y las tiras de pimiento. Espolvorear de pimentón y pimienta de Cayena. Sofreír la preparación.

4. Cortar con el vino tinto. Añadir el tomate, el cilantro, el romero, el tomillo y la hoja de laurel. Verter luego el caldo, tapar y dejar hervir todo a fuego lento durante 1 hora.

5. Poco antes de dar por finalizada la cocción, incorporar la nata y dejar que se caliente.

Como guarnición, **Judías picantes** (receta p. 40).

119

Pechuga de pavo en salsa de vino

Tiempo de preparación: 50 minutos

Para 2 personas (aprox., 420 kcal por ración):
200 g de champiñones
2 puerros de tamaño medio
300 g de zanahorias
1 manzana ligeramente ácida
300 g de pechuga de pavo
1 cucharada de aceite de girasol, sal marina
100 ml de vino blanco seco
150 ml de caldo de verduras vegetariano
1 cucharadita de curry en polvo
4 cucharadas de nata
2 cucharaditas de perifollo muy picado (o de perejil)

1. Limpiar los champiñones, frotarlos si fuera necesario y laminarlos. Limpiar también y cortar los puerros de forma longitudinal, lavarlos bien y cortarlos en tiras estrechas. Limpiar, pelar y partir las zanahorias en trocitos pequeños. Pelar la manzana, partirla en cuartos, despepitarla y cortarla en láminas finas.

2. Lavar la carne de pavo con agua fría, secarla con papel de cocina y, ocasionalmente, partir los trozos mayores.

3. Calentar el aceite en una sartén y, a fuego medio, sofreír la carne por un igual. Salarla, retirarla de la sartén y mantenerla caliente.

4. Rehogar la verdura y las láminas de manzana en el resto del jugo del asado, dejándola unos 10 minutos a fuego lento sin parar de revolver. Verter el vino y el caldo. Sazonar con sal y curry en polvo.

5. Incorporar la nata a la verdura. Poner la carne sobre la verdura y hervir todo, sin tapar, 10 minutos a fuego lento.

6. Cortar la carne en rodajas y distribuirla en dos platos acompañada de la verdura. Servirla espolvoreada de perifollo.

'Chucrut' con pechuga de pavo ahumada y crema de verdura

Tiempo de preparación: 35 minutos

Para 2 personas (aprox., 335 kcal por ración):
1 cebolla
500 g de chucrut
1 cucharada de aceite de girasol
2 lonchas de pechuga de pavo ahumada (unos 100 g cada una)
Para la crema:
200 g de zanahorias
200 g de chirivías (o de apio de bulbo)
150 ml de caldo de verduras vegetariano
1 punta de azafrán en polvo
4 cucharadas de nata

1. Pelar y picar la cebolla. Picar el chucrut. Calentar el aceite y pochar la cebolla a fuego lento. Agregar el chucrut y rehogarlo dándole vueltas.

2. Verter 100 ml de agua, tapar y hervir el chucrut 10 minutos a fuego lento. Colocar encima las lonchas de pechuga de pavo, tapar y dejar que se impregnen del caldo durante unos 10 minutos.

3. Pelar y cortar en trocitos la zanahoria y la chirivía. Poner a hervir el caldo con el azafrán. Añadir la verdura, tapar y cocer 20 minutos a fuego lento.

4. Retirar la cacerola del fuego y con ayuda de la batidora reducir la verdura a crema. Incorporar la nata y calentar la crema.

5. Distribuir en 2 platos el chucrut, la crema de verduras y las lonchas de pechuga de pavo. Servir la receta recién hecha.

Pollo al 'curry'
sobre lecho de hinojo y naranja

Tiempo de preparación: unos 35 minutos
Tiempo de cocción: 20 minutos

Para 2 personas (aprox., 400 kcal por ración):
2 bulbos de hinojo (unos 600 g)
4 naranjas, 1 cebolla, 150 g de champiñones
300 g de filetes de pechuga de pollo
1 cucharada de aceite de girasol
Sal de hierbas
1-2 cucharaditas de curry en polvo
1 punta de pimienta de Cayena
50 g de nata

1. Lavar los bulbos de hinojo, limpiarlos y partirlos a la mitad. Picar una pequeña parte del verde y reservarla para espolvorear. Poner a hervir agua en una cacerola grande, y durante 15 minutos cocer casi por completo los medios hinojos; retirarlos a continuación, dejar que enfríen un poco y cortarlos en rodajas finas.

2. Exprimir el zumo de 2 naranjas y pelar el resto. Separar los gajos pasando la punta de un cuchillo entre las pieles de unión. Partirlos a la mitad y recoger el zumo que suelten durante el proceso.

3. Pelar y picar la cebolla. Limpiar los champiñones, frotarlos en caso necesario y laminarlos.

4. Lavar los filetes de pollo con agua fría, secarlos con papel de cocina y cortarlos en tiras estrechas. Precalentar el horno a 175 °C.

5. Calentar el aceite en una sartén antiadherente y sofreír la carne a fuego medio, hasta que oscurezca. Agregar la cebolla picada y los champiñones laminados, dejando sofreír todo 3 minutos en conjunto sin parar de revolver. Verter encima 1/8 l de agua y el zumo de naranja. Sazonar con sal de hierbas, curry en polvo y pimienta de Cayena. Incorporar la nata y calentar.

6. Colocar en una fuente refractaria las rodajas de hinojo y los gajos de naranja, separando un poco entre sí las hileras formadas.

7. Extender el pollo al curry sobre el hinojo, tapar con papel de aluminio y hornear (en el centro, con el aire de circulación a 150 °C) unos 10 minutos. Retirar el papel de aluminio y continuar la cocción otros 5 minutos. Servir espolvoreado de hinojo picado.

Como primer plato, **Lechuga repolluda con vinagreta de hierbas** (receta p. 32).

Variante:
La pechuga de pollo se puede sustituir por una de pavo, y en caso de no disponer de nata también es posible usar crema fresca, crema de soja o leche de coco.

Mi sugerencia

Variaciones

La carne de ave es más ligera y saludable que la de vaca o cerdo. A diferencia de éstas tiene menos tejido conjuntivo, por lo que su digestión resulta más fácil. No obstante, entre las carnes de este tipo también existen diferencias. El pato, el ganso y la gallina son más grasos que el pollo, y como consecuencia su digestión se hace más pesada.

Se recomienda no freír a la vez demasiados filetes de ave. La carne de ave frita en pequeñas porciones, apenas absorbe líquido y se dora mucho mejor. Para que los filetes adquieran un sabor especial, antes de la cocción se dejan macerar 15 minutos en un aliño de aceite, ajo y hierbas.

Escalope de pavo con tomate y 'mozzarella'

Tiempo de preparación: 30 minutos
Tiempo de cocción: unos 35 minutos

Para 2 personas (aprox., 515 kcal por ración):
3 puerros de tamaño mediano, 4 tomates
250 g de champiñones, sal de hierbas
2 escalopes finos de pavo (150 g cada uno)
1 cucharadita de orégano seco
1 cucharada de aceite de oliva, 100 g de nata
1/2 cucharadita de tomillo seco
1/2 cucharadita de romero seco
2 cucharaditas de caldo de verduras vegetariano
125 g de mozzarella
Unas hojitas de albahaca

1. Limpiar los puerros, partirlos a lo largo, lavarlos bien y cortarlos en tiras estrechas. Limpiar los champiñones, frotarlos si fuera necesario y laminarlos fino. Quitarle la inserción del tallo a los tomates, escaldarlos, pelarlos y trocearlos.

2. Lavar los escalopes de pavo en agua fría y secarlos con papel de cocina. Sazonarlos con sal y orégano.

3. Calentar el aceite en una sartén y, a fuego medio, rehogar los puerros y los champiñones 8-10 minutos sin parar de revolver. Precalentar el horno a 175 °C. Pasar a un molde de souffles la mitad de la verdura, repartir por encima los escalopes de pavo y cubrir con el resto de la verdura y los trozos de tomate.

4. Mezclar y revolver la nata con 100 ml de agua. Sazonar con tomillo, romero y caldo. Verter la mezcla en el molde.

5. Escurrir la mozzarella, cortarla en rodajas y extenderla sobre los trozos de tomate. Gratinar (en el centro del horno, con el aire de circulación a 150 °C) unos 30-35 minutos, hasta dorarse. Servir adornado con albahaca.

Como guarnición, dos tomates pera partidos en ocho partes.

Pollo español a lo Ani

Tiempo de preparación: 45 minutos

Para 2 personas (aprox., 420 kcal por ración):
500 g de tomates, 100 g de champiñones
2 chalotas, 200 g de zanahorias, sal marina
400 g de pollo con huesos (muslos y alas)
2 cucharaditas de pimentón dulce
1 cucharadita de romero seco, 1-2 dientes de ajo
1 cucharada de aceite de oliva, 60 g de nata
150 ml de caldo de verduras vegetariano
80 ml de vino tinto, 2 ramitas de romero fresco

1. Quitarle el tallo a los tomates, escaldarlos, pelarlos y partirlos a la mitad; despepitarlos y reducirlos a salsa con la batidora.

2. Limpiar los champiñones y laminarlos. Pelar y picar las chalotas y los dientes de ajo. Limpiar, pelar y cortar las zanahorias en trozos.

3. Lavar y secar el pollo. Frotar la carne con sal marina, pimentón y romero y sofreírla intensamente en aceite caliente.

4. Agregar a la carne los champiñones, las chalotas, el ajo y la zanahoria. Mezclar y revolver la salsa de tomate. Verter el caldo y el vino tinto, dejar que hierva, tapar y estofar 30 minutos a fuego lento. Revolviendo de continuo, mezclar la nata con la salsa de verdura y servir adornado con el romero.

Variante:
Los muslos y las alas de pollo se pueden sustituir por 300 g de filetes de pollo cortados en tiras finas, y en vez de las verduras se trocean 1/2 mango y 1/4 de piña. La carne se sofríe en 1 cucharada caliente de aceite de oliva, manteniéndola caliente una vez retirada del fuego. En la grasa restante del pollo frito se sofríen los trozos de mango y piña, que se mezclan revolviendo 2 cucharaditas de curry en polvo y otras 2 de coco rallado. Tras cortar el proceso con 6 cucharadas de agua, se agrega la carne, se sazona con sal y pimienta picante, se reduce ligeramente y se le añade 1 cucharada de crema de soja. Con la fruta restante se prepara una ensalada.

Escalope de pavo con tomate y roquefort

Tiempo de preparación: 35 minutos

Para 2 personas (aprox., 315 kcal por ración):
3 tomates, sal marina
2 escalopes de pavo finos (150 g cada uno)
1 cucharada de aceite de oliva
60 g de roquefort
Unas hojitas de albahaca

1. Eliminarles a los tomates la inserción del tallo y escaldarlos un momento; después, pelarlos y trocearlos.

2. Lavar los escalopes en agua fría, secarlos con papel de cocina y sazonarlos con hierbas. Calentar el aceite en una sartén antiadherente y, a fuego medio, freír la carne 3 minutos por cada lado.

3. Acompañar a la carne los trozos de tomate y extender por encima el queso en trocitos; tapar y fundir a fuego lento. Repartir el escalope en dos platos y servirlo adornado con las hojitas de albahaca.

Como guarnición, **Ensalada de calabacín** (receta p. 28).

Variante:
La carne se filetea y sofríe 5 minutos en aceite caliente. Se añaden luego los trozos de tomate, que se rehogan a la vez. Se sazona con 1 cucharadita de pimentón y sal marina y se incorpora 1 cucharada de nata agria. Por último, se presenta a la mesa con 2 ramitas picadas de albahaca repartidas por encima.

1 Escalope de pavo con tomate y 'mozzarella'

2 Pollo español a lo Ani

3 Escalope de pavo con tomate y roquefort

Muslos de pollo

Tiempo de preparación: 15 minutos
Tiempo de cocción: 30 minutos

Para 2 personas (aprox., 300 kcal por ración):
2 muslos de pollo, aceite de oliva, sal
Pimienta, 1 cucharadita de romero
1/2 cucharadita de pimentón picante

1. Precalentar el horno a 200 °C. Lavar los muslos de pollo en agua fría y secarlos con papel de cocina. Untarlos con 1 cucharada de aceite y frotarlos con sal, pimienta, romero y pimentón. Untar también con aceite un molde de gratinar. Poner los muslos en el molde, taparlos con papel de aluminio y asarlos 30 minutos en el horno a 200° C. Pasados 20 minutos, retirarles el papel de aluminio para dejarlos bien hechos.

2. Quitarles la piel a los muslos y servirlos con pimientos al horno (receta p. 44).

Albóndigas de carne

Tiempo de preparación: 35 minutos

Para 2 personas (aprox., 440 kcal por ración):
1 zanahoria grande, 1 cebolla, 1 huevo
250 g de carne picada de vaca, sal de hierbas
1/2 cucharadita de pimentón picante
1 cucharada de aceite de girasol

1. Limpiar, pelar y rallar la zanahoria. Picar la cebolla. Hacer una masa con la carne, el huevo, la sal, el pimentón, la cebolla y la zanahoria.

2. Formar 4 albóndigas con la masa de carne y aplastarlas. Calentar el aceite en una sartén antiadherente y freír 6-8 minutos las albóndigas por cada lado hasta dorarse.

Como primer plato, una **Ensalada neutra** (recetas p. 26 y ss.); y como guarnición, **Zanahoria con tirabeques** (receta p. 42).

Embutido de vaca con judías

Tiempo de preparación: 15 minutos

Para 1 ración (aprox., 320 kcal):
1 embutido de vaca, 1 ramita de ajedrea fresca
1 cucharadita de mantequilla
350 g de judías verdes
1 cucharadita de caldo de verduras vegetariano

1. Poner a hervir un poco de agua en una cacerola. Agregar el embutido y cocerlo 10 minutos a fuego lento.

2. Derretir la mantequilla y, sin parar de revolver, sofreír las judías -sin descongelar- 5 minutos a fuego medio. Sazonar con el caldo y añadir 5 cucharadas de agua y la ajedrea. Tapar y dejar hervir 10 minutos a fuego lento. Retirar la ajedrea y servir las judías con el embutido.

Bocadillo tártaro con cebolla

Tiempo de preparación: 15 minutos

Para 2 personas (aprox., 330 kcal por ración):
1 cebolla, 150 g de carne picada tártara
Sal marina, 1 cucharadita de alcaparras
1 cucharadita de pimentón picante
1 yema fresca, 2 panecillos integrales
4 cucharaditas de mantequilla

1. Pelar la cebolla, partirla en daditos y reservar algunos. Mezclar la carne picada con la yema, la sal, las alcaparras, la cebolla y el pimentón.

2. Partir los panecillos, untarlos de mantequilla y colocar la carne sobre las cuatro mitades. Esparcir por encima los daditos de cebolla y servir sin más.

Bocadillo de salami

Tiempo de preparación: 15 minutos

Para 2 personas (aprox., 480 kcal por ración):
1 tomate, 100 g de pepino, 1 barra de pan
2 cucharadas de mantequilla
60 g de salami en rodajas

1. Lavar el tomate y quitarle la inserción del tallo. Pelar el pepino. Cortar todo en rodajas finas.

2. Cortar la barra de pan a la mitad. Untar de mantequilla la mitad inferior y cubrirla con las rodajas de tomate y pepino. Poner encima las rodajas de salami y superponer la mitad superior de la barra de pan. Servirla partida por el centro.

Bistec con guisantes y zanahoria

Tiempo de preparación: 15 minutos

Para 1 ración (aprox., 385 kcal):
150 g de carne picada, sal marina
1 cucharadita de aceite de girasol
1 cucharadita de mantequilla
350 g de guisantes y zanahoria
1 cucharadita de caldo de verduras vegetariano
2 cucharadas de perejil picado

1. Salar la carne y darle forma de hamburguesa. Calentar el aceite en una sartén antiadherente y freír la carne 4-5 minutos por cada lado.

2. Derretir la mantequilla y sofreír los guisantes y la zanahoria. Sazonar con el caldo y sumarle 5 cucharadas de agua. Tapar y dejar hervir 10 minutos. Servir con el bistec, espolvoreado el conjunto de perejil.

1 Embutido de vaca con judías

2 Bistec con guisantes y zanahorias

3 Muslos de pollo

1

2

3

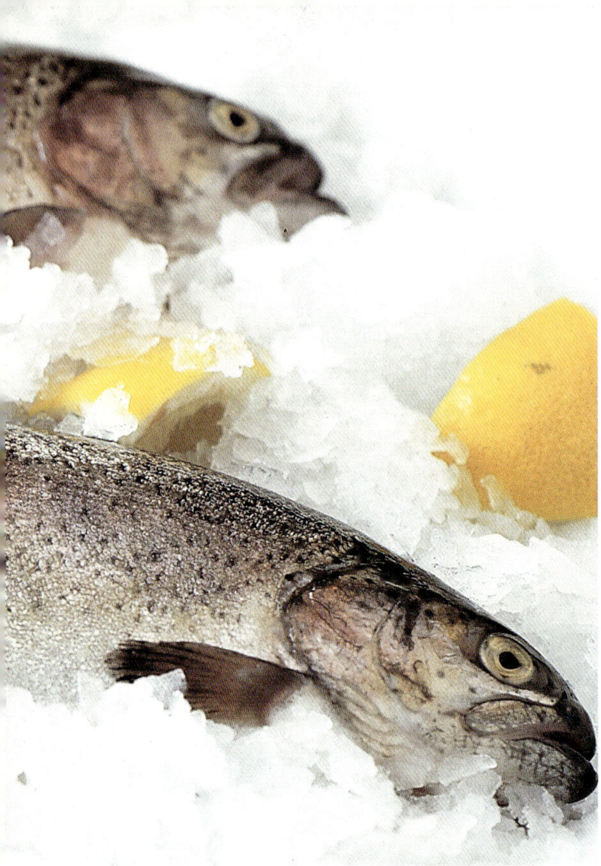
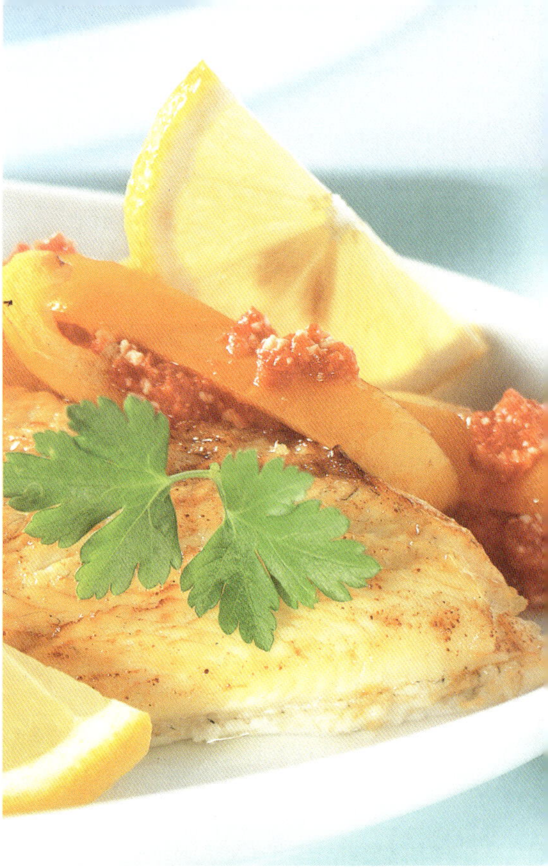
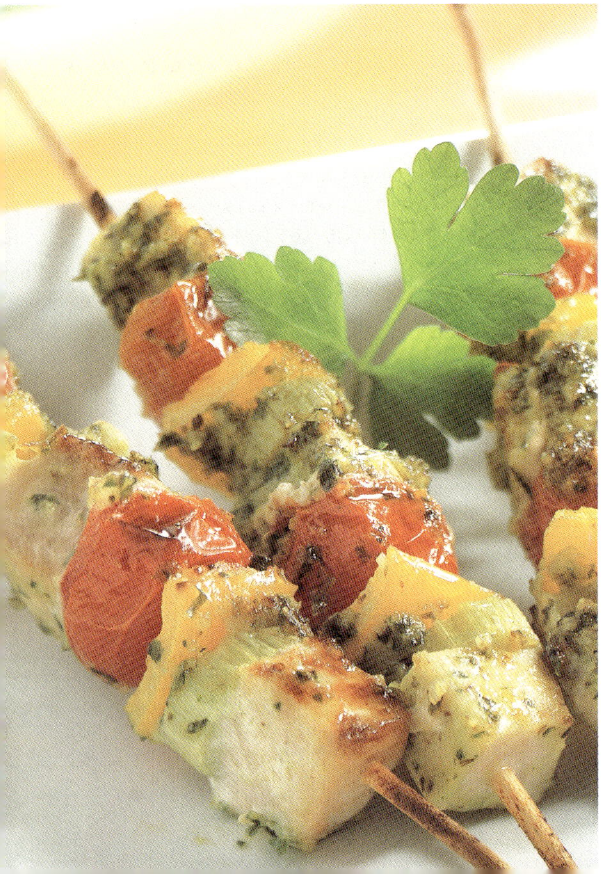

Pescado

El pescado es una exquisitez muy saludable, que debería consumirse al menos dos veces por semana. Es un alimento que además de prepararse con suma rapidez en múltiples variantes, ofrece una delicada carne que resulta especialmente deliciosa. Cocinado al vapor en todo su jugo o con verduras frescas, las siguientes recetas de pescado satisfacen todos los gustos personales y suponen una garantía de acierto absoluto. En las páginas que siguen se señalan las posibilidades combinatorias del pescado dentro de la dieta disociada.

Recetas de pescado

Pescado: suave y gustoso

Hay infinidad de motivos para comer pescado con frecuencia. Unas 4-5 raciones a la semana satisfacen la recomendación de tomar 200 microgramos (µg) de yodo al día; si se usa sal yodada, bastan 2 raciones a la semana. Especialmente ricos en yodo: el eglefino, el abadejo, el bacalao y la gallineta.

Además de yodo, que es el elemento activo de la función tiroidea, el pescado aporta muchas sustancias. El salmón, el arenque, la anchoa y el atún proporcionan ácidos grasos omega-3, que protegen de enfermedades crónicas. La caballa contiene tirosina, un aminoácido del que se forman la noradrenalina (hormona del adelgazamiento), y la dopamina, en tanto que el contenido graso de los filetes de lenguado es muy bajo. Los camarones y las gambas suministran taurina, sustancia proteínica que hace que la hipófisis genere hormonas encargadas de fundir la grasa. Por todo ello, el pescado debe ser un alimento asiduo en la mesa.

Pescado y dieta disociada

Por lo que se refiere a la dieta disociada, el pescado se integra en dos grupos. El crudo forma parte del grupo neutro, pues la estructura de su carne se encuentra en estado natural, por lo que según los principios de la dieta disociada es de fácil digestión. El arenque, el salmón y el pescado crudo marinado son los representantes más destacados de este grupo. El pescado ahumado es neutro.

El pescado neutro combina con alimentos del grupo neutro y con los de los grupos de las proteínas

Mi sugerencia

Acertar al comprar pescado

Analice la oferta de la pescadería, donde, además de filetes de pescado, encontrará piezas enteras. En principio el pescado tiene olor propio. En caso de que no 'huela a pescado', sino a mar y a algas, aproveche la oferta, sobre todo si los trozos muestran un aspecto terso, brillante y sin partes o zonas resecas.

A las piezas enteras basta con mirarles los ojos y la piel. El pescado fresco tiene los ojos claros, abombados y centelleantes. La piel debe estar reluciente; las agallas, abiertas y sangrantes. Su carne ha de ser firme y elástica, recuperándose sin dejar marcas tras presionar con los dedos.

Se recomienda su preparación cuanto antes. No obstante, puede conservarse en el frigorífico un día entero envuelto en papel de aluminio y metido dentro de un recipiente lo bastante grande. El pescado cocinado no debe conservarse en el frigorífico más de dos días, y el ahumado a lo sumo cuatro. Antes de mantenerlo en un lugar fresco hay que desespinarlo y marinarlo con zumo de limón.

y de los hidratos de carbono. En las combinaciones con alimentos ricos en hidratos de carbono hay que prescindir de la leche, la clara de huevo, el tomate cocido, la fruta fresca, los cítricos, el vino seco y el vino espumoso.

El pescado ahumado en caliente -como la caballa, el arenque, el halibut o la trucha- tiene una función especial. Aunque cocidas estas variedades son neutras, su alto contenido en grasa hace que deban tomarse con moderación.

El pescado cocido forma parte del grupo de las proteínas. La cocción altera la estructura celular, y, de acuerdo con las reglas de la dieta disociada, dificulta el proceso digestivo. Lo mismo cabe decir de mariscos como el bogavante, cangrejo de mar, langostinos y mejillones. Si de pescados fritos, a la plancha o en salsa se trata, las combinaciones ideales son con grasas y aceites, productos lácteos, verdura, ensaladas y fruta. Para rebozar el pescado, en vez de pan rallado es preciso hacerlo con semillas de sésamo o frutos secos molidos. Como bebida se aconseja tomar un vino seco o un espumoso.

El pescado crudo o ahumado combina con: Mantequilla, aceite, mayonesa elaborada con aceites de calidad, margarina dietética, nata, suero, kéfir, yogur. Acelgas, achicoria, aguacates, ajo, alcachofas, apio, berenjenas, berza, brécol, calabacín, cebolla, chucrut, col china, col rizada, coles de Bruselas, coliflor, colinabo, ensaladas de hoja, espárragos, espinacas, frutos secos, guisantes verdes, hinojo, judías verdes, lombarda, maíz fresco, pepino, pimientos, puerros, rabanitos, rábano, remolacha, rucola, setas, tomate crudo, zanahoria.

Especias adecuadas

Curry en polvo, azafrán, orégano, cúrcuma, cilantro, clavo molido, jengibre, mejorana, romero, pimentón picante, hierbas provenzales, ajo, ajo de oso, perejil, cebollino, eneldo, perifollo, tomillo, levística, estragón, salvia, rucola, bayas de enebro, melisa, vinagre, limón.

Preparación del pescado

El pescado fresco no debe cocinarse durante demasiado tiempo. En su punto, su carne es tierna y firme. En la tabla se incluyen los datos importantes.

'Sushi': bocado japonés

Estos bocaditos japoneses tienen cada vez más aceptación en Europa. Son pobres en calorías, sacian el hambre y son excelentes como aperitivo o primer plato. El sushi se adapta muy bien a la dieta disociada, en la que el arroz combina por lo general con pescado crudo o con verdura. Quien no haya probado esta especialidad, no sabe lo que se pierde.

Incluso la gente que se resiste a probar el pescado crudo recurrirá al sushi. Los hay vegetarianos, con tortilla, con pescado cocido... Y se sirven en una bandeja con una mancha verde y un montoncito de hojas pardas. La mancha verde es wasabi (rábano rusticano japonés), que puede resultar muy picante, aunque nunca se toma solo. Las hojitas son jengibre encurtido (gari), más suave que el fresco y picante. Va muy bien con todas las variantes de sushi, con escaso sabor propio, o para neutralizar las comidas de entre horas.

Delante del plato se dispone una tacita con salsa de soja; después, con unos palillos se toma un poco de wasabi y se introduce en salsa de soja. El sabor resulta intenso, pero sin anular el más suave y propio del sushi.

La bebida típica del sushi es el té verde, aunque también se admite tomar cerveza o sake.

El sushi también admite su preparación en casa. Para empezar, basta con un manual de sushi, algunos utensilios y una mezcla de ingredientes típicos y 'occidentales'.

Tiempos de cocción del pescado

Al vapor	Temperatura	Cocción posterior
Filetes, rollitos	calor suave/medio	3-5 min
Pescado entero (aprox., 1 kg)	calor suave/medio	30 min
En salsa	**Temperatura**	**Cocción posterior**
Trozos (3 cm de lado)	calor suave	1-2 min
Filete: 100 g (1 cm grosor)	calor suave	2-3
300 g (3 cm grosor)	calor suave/medio	10 min
Pescado entero (1 kg)	calor suave/medio	20-25 min
Frito en sartén	**Temperatura**	**Cocción posterior**
Filete (200 g, 2-3 cm grosor)	calor medio	2-3 min/lado
Gambas (3-7 cm longitud)	calor medio	2-3 min total
Langostinos	calor fuerte	2-3 min total
En wok	**Temperatura**	**Cocción posterior**
Dados/tiras (3 cm/ 1 cm)	calor fuerte	1-2 min
Gambas	calor fuerte	1 1/2 min
Cocido en caldo corto	**Temperatura**	**Cocción posterior**
Filete, rollitos	calor suave a punto de ebullición	3-5 min
Entero (1 kg)	calor suave a punto de ebullición	30 min

Caballa a la sal

Tiempo de preparación: 20 minutos
Tiempo de cocción: unos 30 minutos

Para 2 personas (aprox., 360 kcal por ración):
1 caballa grande (unos 500 g)
1,5 kg de sal marina gruesa
6-8 hojas de lechuga repolluda
4 cucharadas de mantequilla

1. Precalentar el horno a 200 °C. Limpiar el pescado, lavarlo y secarlo con papel de cocina. Forrar una placa de hornear con papel de aluminio y distribuir por ella una capa de sal de 1 cm de espesor.

2. Lavar las hojas de lechuga y agitarlas hasta que sequen. Envolver con ellas el pescado, colocarlo sobre la placa y cubrirlo con el resto de la sal. Si fuera necesario, rociar con unas gotas de agua para mantener la sal unida. Asar el pescado en el horno (en el centro, con el aire de circulación a 180 °C) 30 minutos.

3. Derretir la mantequilla. Retirar el pescado del horno y romper la costra de sal con cuidado. Pelar el pescado y filetearlo. Repartirlo en 2 platos y rociarlo con la mantequilla caliente.

Como guarnición, **Trozos de pepino salteados** (receta p. 41).

Mi sugerencia

El oro del mar

La sal marina se obtiene por evaporación del agua de mar o de lagos salinos. Contiene, además de cloruro sódico (aprox., 98%), pequeñas cantidades de otras sales, como por ejemplo cloruro cálcico y cloruro de magnesio. La llamada 'sal marina gorda' resulta barata y se encuentra fácilmente en la propia pescadería, el supermercado, tiendas dietéticas y naturales o en grandes superficies comerciales.
La cocción a la sal o con costra de sal es un proceso poco agresivo en el que el producto, herméticamente cerrado, conserva todas sus sustancias aromáticas.

Filetes de pescado con hierbas a la papillote

Tiempo de preparación: 35 minutos
Tiempo de cocción: unos 20 minutos

Para 2 personas (aprox., 225 kcal por ración):
1 calabacín pequeño
2 tomates
1 cebolla
10 aceitunas negras sin hueso
1-2 dientes de ajo
2 cucharaditas de aceite de oliva
2 filetes de pescado (de 200 g cada uno; por
  ejemplo abadejo, gallineta o eglefino)
1 cucharada de zumo de limón
Sal de hierbas
2 cucharaditas de orégano, de tomillo y de
  romero secos

1. Lavar, limpiar y rallar el calabacín. Lavar también los tomates, quitarles la inserción del tallo y cortarlos en rodajas de 1/2 cm de grosor. Pelar la cebolla y cortarla en aros finos.

2. Picar las aceitunas. Tras pelar y picar el ajo, mezclarlo con las aceitunas. Precalentar el horno a 200 ºC.

3. Recortar dos trozos de papel de aluminio lo bastante grandes y untarlos con aceite de oliva. Extender por encima una cuarta parte del calabacín rallado, de las rodajas de tomate, de los aros de cebolla y de la mezcla de aceitunas y ajo.

4. Lavar el pescado, secarlo con papel de cocina y poner cada filete sobre la mitad de la verdura, a partes iguales. Rociar con zumo de limón y sazonar con sal, orégano, tomillo y romero.

5. Repartir por encima el resto del calabacín rallado, las rodajas de tomate, los aros de cebolla y la mezcla de aceitunas y ajo.

6. Cerrar bien el papel para evitar que el contenido se desparrame y asar el pescado (en el centro del horno, con el aire de circulación a 180 ºC) durante 20 minutos.

Como guarnición, **Ensalada de lechuga neutra** (recetas p. 26 y ss.).

Filetes de gallineta con tomate y pepino

Tiempo de preparación: 45 minutos

Para 2 personas (aprox., 485 kcal por ración):
500 g de tomates maduros
1 cebolla
400 g de pepinos de cocer (o de ensalada)
3 cucharaditas de aceite de girasol
150 ml de caldo de verduras vegetariano
400 g de gallineta o de abadejo en filetes
Sal marina, 3 cucharadas de almendra molida
1 limón, 2 ramitas de eneldo
1 cucharada de hojas de orégano frescas
4 cucharadas de nata

1. Quitar la inserción del tallo a los tomates y, tras escaldarlos un instante, pelarlos y trocearlos. Pelar y picar la cebolla. Pelar también los pepinos, partirlos a la mitad de forma longitudinal, despepitarlos y trocearlos menudo.

2. Calentar 1 cucharadita de aceite, pochar la cebolla y agregar los trozos de tomate y el caldo. Reducir todo a la mitad a fuego vivo. Mezclar los trozos de pepino sin dejar de revolver y, a fuego lento, hervir 20 minutos.

3. Lavar mientras el pescado, secarlo con papel de cocina y sazonarlo con sal. Esparcir la almendra molida sobre un plato y pasar por ella los filetes de pescado. Calentar el aceite restante en una sartén antiadherente y freír los filetes 5 minutos por ambos lados, hasta dorarse.

4. Lavar, secar y partir el limón en 6 rodajas. Lavar el eneldo y agitarlo hasta que seque. Sazonar la mezcla de tomate y pepino con orégano. Incorporar la nata sin para de revolver. Pasar a una fuente la verdura y el pescado. Servir los filetes adornados con las rodajas de limón y el eneldo.

Solla en salsa de pimientos rojos y amarillos

Tiempo de preparación: 45 minutos

Para 2 personas (aprox., 395 kcal por ración):
2 sollas, preparadas ya para cocinar
2 cucharadas de zumo de limón
Sal marina
2 pimientos rojos
3 pimientos amarillos
80 g de queso de oveja
1 cucharadita de sambal oelek
1 cucharada de aceite de oliva
Sal de hierbas
1 cucharada de mantequilla
1 limón, 1 ramita de perejil

1. Lavar las sollas y secarlas con papel de cocina. Rociarlas luego con zumo de limón y sazonarlas con sal por ambos lados.

2. Partir a la mitad, lavar y limpiar los pimientos: trocear los rojos y cortar los amarillos en tiras estrechas. Cocer los primeros en un poco de agua, retirarlos tras 5-8 minutos y reducirlos a crema con la batidora. Calentar la crema en una cacerola, desmenuzar el queso en ella y dejar que se funda. Sazonar la salsa con sambal oelek.

3. Calentar con moderación el aceite en una sartén y rehogar las tiras de los pimientos amarillos 5 minutos a fuego medio. Sazonar con sal de hierbas y reservar.

4. Calentar la mantequilla en otra sartén y freír por ambos lados las sollas, dejándolas 5-6 minutos a fuego medio.

5. Entre tanto, calentar los pimientos amarillos en la salsa de los pimientos rojos. Lavar, secar y cortar el limón en 6 rodajas.

6. Servir las sollas en 2 platos con la salsa de pimientos y presentar a la mesa adornadas con las rodajas de limón y con perejil.

Filetes de solla marinados

Tiempo de preparación: 30 minutos

Para 2 personas (aprox., 395 kcal por ración):
2 cucharadas de aceite de girasol
1/8 l de zumo de naranja, sal de hierbas
1 1/2 cucharaditas de pimentón dulce
1 punta de pimienta de Cayena
4 filetes de solla, 4 cucharadas de nata
Para la verdura:
1 pepino, 1 pimiento amarillo, 1 pimiento rojo
1 cebolla, 1 cucharada de mantequilla
4 cucharadas de nata, 100 g de maíz
2 cucharaditas de caldo de verduras vegetariano

1. Mezclar 1 cucharada de aceite con el zumo de naranja. Sazonar la marinada con sal, pimentón y pimienta de Cayena. Lavar el pescado y secarlo; después, dejarlo en maceración 15 minutos.

2. Pelar y cortar el pepino en rodajas. Partir los pimientos a la mitad, limpiarlos, lavarlos y hacerlos tiras. Pelar también y picar la cebolla. Calentar la mantequilla y pochar la cebolla. Añadir el pepino y los pimientos. Sazonar con el caldo, tapar y estofar 6-8 minutos.

3. Calentar el resto del aceite y, una vez escurrido, freír el pescado a fuego vivo 3 minutos por cada lado. Agregar la marinada y reducirla. Servir los filetes con la verdura, la nata y el maíz.

Salmón con espinacas y 'mozzarella'

Tiempo de preparación: 30 minutos

Para 2 personas (aprox., 695 kcal):
1 cebolla, 125 g de mozzarella, sal marina
300 g de espinacas frescas, hojitas de albahaca
1 cucharada de mantequilla, 6 tomates
2 rodajas de salmón (200 g cada una)
1 cucharada de aceite de girasol prensado en frío
1 cucharada de caldo de verduras vegetariano
Nuez moscada recién rallada

1. Pelar y picar la cebolla. Escurrir la mozzarella y cortarla en rodajas. Lavar las espinacas, limpiarlas y quitarles los tallos duros.

2. Calentar la mantequilla y pochar la cebolla. Agregar las espinacas escurridas y sazonar. Tapar y rehogar 3 minutos a fuego medio

3. Sazonar las rodajas de salmón con algo de sal. Calentar el aceite en una sartén y, a fuego vivo, freír las rodajas 3 minutos por cada lado.

4. Sazonar las espinacas con caldo y nuez moscada y extenderlas sobre las rodajas. Cubrir con mozzarella, tapar y dejar 5 minutos que el queso vaya fundiendo.

5. Lavar los tomates, partirlos en rodajas y servirlos en 2 platos. Acompañar a un lado las rodajas de salmón y adornar con albahaca.

Pez espada con salsa de tomate

Tiempo de preparación: unos 30 minutos

Para 2 personas (aprox., 230 kcal por ración):
4 tomates maduros, 1 cebolla pequeña
1-2 dientes de ajo, sal de hierbas
1 cucharada de aceite de oliva, sal marina
1/2 cucharadita de orégano, otra de tomillo y
     una más de romero, secos
1 cucharada de hojas de albahaca muy picadas
1 cucharadita de sambal oelek
2 rodajas de pez espada (200 g cada una)
1 cucharada de mantequilla

1. Privar a los tomates de la inserción del tallo y escaldarlos; una vez pelados, despepitarlos y cortarlos en trocitos. Pelar la cebolla y el ajo: picar la primera y mezclarla con el tomate; exprimir el segundo encima y mezclar con el aceite.

2. Sazonar la salsa con orégano, tomillo, romero, sal de hierbas, albahaca y sambal oelek.

3. Lavar el pescado, secarlo con papel de cocina y salarlo. Derretir la mantequilla en una sartén y freír a fuego medio el pescado, dejándolo 3-5 minutos por cada lado. Servir con la salsa de tomate.

Como guarnición, una **Ensalada neutra** (recetas p. 26 y ss.).

Brocheta de pez espada al grill

Tiempo de preparación: 30 minutos
Tiempo de maceración: unas 2 horas

Para 2 personas (aprox., 405 kcal por ración):
1/2 manojo de perejil, 2 dientes de ajo
6 cucharadas de aceite de oliva, sal marina
100 ml de vino blanco seco, 10 almendras
1 cucharadita de tomillo seco
1 cucharadita de orégano seco
400 g de pez espada, 12 tomates cherry
1 pimiento amarillo, 1 penca de apio

1. Para la marinada, lavar el perejil, agitarlo hasta que seque y deshojarlo. Pelar el ajo. Mezclar ambos ingredientes con aceite, vino blanco, almendras, tomillo, orégano y sal. Reducir todo a crema no muy fina.

2. Lavar el pescado, secarlo y hacerlo pedazos de unos 2 cm de longitud. Lavar también los tomates y partirlos a la mitad. Partir a la mitad, limpiar, lavar y trocear el pimiento. Lavar el apio, limpiarlo y cortarlo en trozos de 1/2 cm.

3. Ensartar el pescado en una brocheta y alternar los trozos de tomate, pimiento y apio. Rociarlas con la marinada, taparlas y dejar macerar 2 horas en el frigorífico. Calentar el grill. Revestir una parrilla con papel de aluminio y asar las brochetas 3 minutos por cada lado.

'Gulash' de pescado con tomate

Tiempo de preparación: 30 minutos

Para 2 personas (aprox., 290 kcal por ración):
400 g de filetes de pescado, por ejemplo abadejo
350 g de tomates
1 cebolla
1 diente de ajo
1 cucharada de aceite de oliva prensado en frío
2 cucharaditas de pimentón picante
2 cucharaditas de hierbas provenzales secas
2 cucharaditas de caldo de verduras
   (instantáneo)
1 cucharadita de sambal oelek
1/8 l de vino tinto
2 cucharaditas de nata agria
Unas hojitas de albahaca

1. Lavar el pescado, secarlo con papel de cocina, desespinarlo en caso necesario y partirlo en trozos apropiados.

2. Quitar la inserción del tallo a los tomates y escaldarlos; luego, pelarlos y trocearlos. Pelar y picar la cebolla y el ajo.

3. Calentar el aceite y pochar la cebolla y el ajo a fuego lento. Mezclar y revolver los tomates. Sazonar con pimentón, hierbas provenzales, caldo y sambal oelek.

4. Agregar el vino tinto y reducir todo un poco sin dejar de revolver. Añadir los trozos de pescado, tapar y cocer 10 minutos a fuego lento.

5. Distribuir el gulash en 2 platos y en el centro de cada uno poner 1 cucharadita de nata agria. Adornar con hojitas de albahaca y servir.

Como guarnición, **Pimientos marinados** (receta de la variante p. 44).

Filetes de lenguado con piña y salsa al 'curry'

Tiempo de preparación: 30 minutos

Para 2 personas (aprox., 545 kcal por ración):
Para la salsa al curry:
1 cucharada de mantequilla, 1 manzana ácida
150 ml de vino blanco seco, 1 chalota
2-3 cucharaditas de curry en polvo
1/2-1 cucharadita de sambal oelek
Sal marina, 4 cucharadas de nata
Para el pescado:
400 g de filetes de lenguado, sal marina
2 cucharadas de coco rallado
1 cucharada de aceite de girasol
2 rodajas de piña fresca
2 cucharaditas de mantequilla

1. Pelar la manzana, partirla en cuartos, descorazonarla y trocearla menudo. Limpiar y picar la chalota. Calentar la mantequilla en una cacerola y, revolviendo, rehogar a fuego lento la manzana y la chalota durante 3 minutos.

2. Sumar el vino y hervir. Sazonar con curry en polvo, sambal oelek y sal. Hacer hervir la salsa 15 minutos a fuego lento.

3. Lavar el pescado, secarlo con papel de cocina y salarlo. Esparcir por un plato el coco rallado y rebozar los filetes de pescado. Calentar el aceite en una sartén y freír a fuego medio los filetes, dejándolos 6-8 minutos por cada lado.

4. Pelar las rodajas de piña y eliminarles el troncho. Derretir la mantequilla en una sartén y freír la piña por ambos lados, hasta dorarse.

5. Retirar del fuego la cacerola con la salsa, reducir a crema la salsa al curry y añadir la nata. Disponer el pescado en 2 platos, poner en ellos sendas rodajas de piña y servir con la salsa al curry.

Como guarnición, una **Ensalada neutra** (recetas p. 26 y ss.).

Sopa asiática de pescado

Tiempo de preparación: 30 minutos

Para 2 personas (aprox., 375 kcal por ración):
2 puerros, 3 chalotas pequeñas, 2 zanahorias
1 cucharada de mantequilla
2 cucharaditas de curry en polvo
150 ml de vino blanco seco
1 cucharadita de aceto balsámico blanco
400 ml de caldo de verduras vegetariano
2 cucharadas de salsa de soja
1 cucharadita de sambal oelek
300 g de pescado en filetes (por ejemplo
    rodaballo, halibut, abadejo o congrio)
150 g de gambas crudas peladas
2 cucharadas de nata
2 cucharadas de perejil recién picado

1. Limpiar los puerros, partirlos a lo largo, lavarlos bien y cortarlos en tiras. Pelar y picar las chalotas. Limpiar, pelar y trocear las zanahorias.

2. Calentar la mantequilla en una sartén honda y, sin dejar de revolver, rehogar la verdura a fuego lento. Espolvorear de curry en polvo y cortar el proceso con vino y vinagre. Reducir todo 3 minutos a fuego lento. Verter el caldo y sazonar la sopa con salsa de soja y sambal oelek.

3. Partir el pescado en trozos apropiados. Quitarle a las gambas el intestino negro e incorporarlas a la sopa con el pescado. Hacer hervir, a fuego lento, 12-15 minutos. Batir la nata con un tenedor, hasta obtener una masa de consistencia media. Distribuir la sopa en 2 platos hondos y servirla adornada con nata y perejil.

1   'Gulash' de pescado con tomate

2   Filetes de lenguado con piña y sala al 'curry'

3   Sopa asiática de pescado

Rollitos de solla con lechuga en su aliño frutal

Tiempo de preparación: 40 minutos

Para 2 personas (aprox., 600 kcal por ración):
400 g de filetes de solla, sal de hierbas
1-2 cucharadas de zumo de limón
1 penca de apio pequeña, 5 ramitas de perejil
8 medias nueces, 5 cucharadas de nata, 1 yema
Sal marina, 1/2 manojo de perifollo (o perejil)
palillos de madera
Para la ensalada:
1 lechuga iceberg, 1 pimiento rojo
1 penca de apio, 1 naranja
Para el aliño:
1 cucharada de aceite de girasol
1 cucharada de zumo de limón
100 ml de zumo de naranja recién exprimido
Sal de hierbas, 80 g de nata agria
4 cucharadas de perejil liso picado

1. Partir los filetes de solla a lo largo, lavarlos y secarlos. Rociarlos con zumo de limón y sazonarlos ligeramente con sal de hierbas.

2. Lavar, limpiar y trocear el apio. Lavar también el perejil, agitarlo hasta que seque y picarlo. Reducir a pasta el apio con la sal, el perejil y las nueces.

3. Untar los filetes de solla con dos terceras partes de la pasta condimentada, enrollarlos y ensartarlos en palillos. Colocar los rollitos en una sartén. Batir la nata con la yema, la sal y 80 ml de agua. Mezclar y revolver el perifollo y el resto de la pasta, y la mezcla resultante extenderla sobre los rollitos de pescado. Tapar y cocer 20 minutos a fuego lento.

4. Limpiar la lechuga iceberg y lavarla; luego, deshojarla y escurrirla. Partir a la mitad el pimiento, limpiarlo, lavarlo y trocearlo menudo. Lavar la penca de apio, limpiarla y cortarla en rodajas finas. Pelar y partir la naranja. Mezclar la ensalada en una fuente.

5. Para el aliño, mezclar y revolver el aceite con los zumos de limón y de naranja y la sal de hierbas. Incorporar, sin dejar de batir, la nata agria. Extender el aliño sobre la ensalada, mezclar todo y espolvorear de perejil. Servir los filetes de solla con la ensalada.

Bocaditos de arenque con ensalada de remolacha

Tiempo de preparación: 30 minutos
En maceración: 24 horas

Para 2 personas (aprox., 750 kcal por ración):
6 filetes de arenques frescos, 1 cebolla roja
1 zanahoria, 1 trozo de jengibre fresco
4 cucharadas de vinagre de frambuesa
1 cucharadita de edulcorante, 1 hoja de laurel
5 bayas de enebro
Para la ensalada:
6 remolachas pequeñas, 1 cebolla
1 manzana, 1/2 manojo de perejil
1 1/2 cucharadas de vinagre de sidra, comino
sal marina, 1 cucharadita de edulcorante

1. Quitarle las espinas a los filetes de arenque y partirlos en trozos apropiados.

2. Para la marinada, pelar la cebolla y cortarla en aros finos. Pelar y cortar la zanahoria en rodajas. Pelar el jengibre. Mezclar 200 ml de agua con vinagre y edulcorante. Cocer en este líquido la cebolla, la zanahoria, el jengibre, la hoja de laurel y las bayas de enebro. Dejar enfríar.

3. Verter la marinada sobre los trozos de pescado, tapar y mantener en maceración 24 horas en un lugar frío.

4. Lavar las remolachas y cocerlas 20 minutos en un poco de agua. Retirarlas y dejar que enfríen. Pelar las remolachas y cortarlas en rodajas finas.

5. Pelar y picar la cebolla. Lavar la manzana, secarla, partirla en cuartos, descorazonarla y cortarla en trocitos.

6. Para el aliño, mezclar y revolver el vinagre de sidra con 100 ml de agua, la sal, el edulcorante líquido, el comino, los aros de cebolla y los trozos de manzana. Mezclar todo con la remolacha. Lavar el perejil, agitarlo hasta que seque y una vez picado espolvorearlo sobre la ensalada. Servir los bocaditos de arenque junto con la ensalada.

Ensalada de camarones con salsa de naranja

Tiempo de preparación: 25 minutos

Para 2 personas (aprox., 350 kcal por ración):
1/2 lechuga iceberg, 150 g de lechuga rizada
1 pepino pequeño, 2 naranjas
Para el aliño:
1 cucharada de aceite de girasol
150 ml de zumo de naranja, 2 cucharadas de nata
sal de hierbas, 1/2 manojito de eneldo
400 g de camarones

1. Lavar las lechugas, partirlas en trozos. Pelar y partir el pepino de forma longitudinal en cuartos, despepitarlo con una cuchara y rallarlo.

2. Pelar las naranjas y, recogiendo el zumo, quitarles las pieles. Mezclar las lechugas, el pepino y los gajos; verter todo en una fuente.

3. Mezclar el aceite, el zumo, la nata y la sal. Lavar el eneldo, secarlo, picarlo y añadirlo a la mezcla. Rociar la ensalada con el aliño y presentarla con los camarones dispuestos en el centro.

Bocadillo de salmón ahumado

Tiempo de preparación: 15 minutos

Para 2 personas (aprox., 360 kcal por ración):
2 panecillos integrales, 2 hojas de lechuga
4 lonchas de salmón ahumado, 2 ramas de eneldo
1-2 cucharaditas de rábano picante
3 cucharaditas de nata agria

1. Partir los panecillos a la mitad. Mezclar el rábano con la nata agria; extender 1 cucharadita de la mezcla sobre cada una de las mitades de pan.

2. Limpiar, lavar y agitar las hojas de lechuga hasta que sequen. Disponerlas sobre las mitades inferiores. Cubrir con 2 lonchas de salmón. Lavar el eneldo, secarlo y esparcirlo sobre el salmón. Poner encima las mitades superiores de los panecillos.

Tostada integral con queso fresco y salmón

Tiempo de preparación: 15 minutos

Para 2 personas (aprox., 255 kcal por ración):
80 g de queso fresco (20% de materia grasa)
50 g de nata agria, sal marina, eneldo
80 g de salmón ahumado
2 cucharadas de eneldo picado
2 tostadas integrales

1. Batir el queso fresco con la nata hasta formar una crema, salarla. Cortar el salmón en tiras finas y mezclarlo con el queso y el eneldo.

2. Tostar las rebanadas de pan y untarlas con la mezcla. Adornar con las ramitas de eneldo.

Bocadillo de arenque

Tiempo de preparación: 10 minutos

Para 2 personas (aprox., 350 kcal por ración):
2 panecillos integrales
4 cucharaditas de nata agria
4 hojas de lechuga, 2 arenques limpios
1 cebolla pequeña, 2 ramitas de eneldo

1. Partir los panecillos de forma transversal y untar las dos mitades de cada uno con nata agria.

2. Limpiar y lavar las hojas de lechuga; secarlas y colocarlas sobre las mitades inferiores.

3. Poner 1 arenque en cada una de las mitades. Pelar la cebolla y cortarla en aros. Adornar con los aros de cebolla y con el eneldo. Poner las mitades superiores de los panecillos.

Ensalada variada de pescado

Tiempo de preparación: 25 minutos

Para 2 personas (aprox., 520 kcal por ración):
2 puerros
100 g de maíz (de bote o congelado)
1 pimiento rojo grande
1 pepino pequeño
Para la marinada:
1 cucharada de aceite de girasol prensado en frío
1 cucharada de vinagre de sidra
sal de hierbas
1/2 manojo de eneldo
1 caballa ahumada

1. Limpiar los puerros, partirlos a lo largo, lavarlos bien y hacer aros sólo la parte blanca (destinar la verde a otros usos). Poner a hervir agua y blanquear los aros de puerro 3 minutos. Retirarlos pasado el tiempo, enfriarlos de repente y escurrirlos. Descongelar el maíz.

2. Partir el pimiento a la mitad, limpiarlo, lavarlo y cortarlo en tiras estrechas. Pelar el pepino, partirlo a lo largo en cuartos y trocearlo en forma de daditos.

3. Para la marinada, mezclar y revolver con energía el aceite con vinagre, 80 ml de agua y sal. Lavar el eneldo, agitarlo hasta que seque y, tras reservar 2 ramitas, picar el resto y mezclarlo.

4. Pelar la caballa, desespinarla y partirla en trozos apropiados. Mezclar los aros de puerro, las tiras de pimiento, los daditos de pepino y todo el maíz. Pasar la mezcla, junto con el pescado, a una fuente. Extender la marinada de forma homogénea por encima y servir la ensalada adornada con el eneldo restante.

1 Ensalada de camarones con salsa de naranja

2 Bocadillo de arenque

3 Ensalada variada de pescado

Huevos y quesos

Aunque no se tienen por alimentos básicos de la dieta disociada, los huevos y el queso dan ese punto final que remata todo buen plato con un inigualable sabor. Y sobre todo hacen posible la realización tanto de crujientes gratinados, como de deliciosos souffles y tortillas. En las siguientes páginas se recogen apetitosas posibilidades combinatorias, platos variados y novedosas informaciones sobre el queso relacionadas con la dieta disociada.

Recetas de huevos y quesos

Deliciosas tortillas, gratinados y souffles de queso, quiches de verdura... son algunos de los irresistibles platos que no existirían sin queso ni huevos. Además, ciertos trucos los elevan a la categoría de exquisitez. Las nuevas informaciones que tratan sobre el queso en la dieta disociada, posibilitan múltiples combinaciones entre un queso y un plato concretos.

Muchas personas evitan consumir huevos por temor al exceso de colesterol. Pero quienes tienen un nivel de colesterol bajo deben aplicarse la norma de que "un huevo al día no hace daño". Si un día se consume una tortilla hecha con tres huevos, al día siguiente hay que abstenerse de ingerir ningún huevos.

De darse niveles de colesterol altos, existe la posibilidad de modificar el contenido de muchas recetas usando sólo claras de huevo. En este caso, ténganse en cuenta las clasificaciones propias de la dieta disociada.

Huevos: clases y tamaños

S =	**52 g o menos**	
M =	**53 - 63 g**	
L =	**63 - 73 g**	
XL =	**74 g o más**	

Si no se indica otra cosa, las recetas se realizarán todas ellas con huevos de tamaño M.

Se recomienda comprar siempre huevos de aves criadas y alimentadas en libertad. La crianza en granjas supone un elevado número de aves por metro cuadrado de terreno, por lo que su explotación puede ser tan deficiente como la de una batería ponedora.

Posibilidades combinatorias de los huevos

El **huevo completo** forma parte, en la dieta disociada, del grupo de las proteínas.

La **yema** sola se clasifica dentro del grupo neutro, aunque su contenido en proteínas es superior al de la propia clara. Pero como mantiene un índice de grasas todavía más alto, la yema se incluye en este grupo.

Los huevos pueden combinarse con:
- Mantequilla, aceite, mayonesa elaborada con aceite de calidad, margarina de grasas no endurecidas (comercio especializado), nata, nata agria, leche, suero, kéfir, yogur, leche agria bebible, quesos frescos (el índice de materia grasa es irrelevante), todas las variedades de queso, carne, toda clase de embutidos cocidos y crudos, jamón y pescado, como las anchoas.
- Acelgas, achicoria, aguacates, apio, berenjenas, brécol, calabacín, cebolla, col china, coles de Bruselas, coliflor, ensaladas de hoja, espárragos, espinacas, maíz fresco, rabanitos, rábano, tomate (crudo o cocido).
- Agua, infusiones, zumos de fruta, vino seco, vino espumoso, cereales, enebro.
- Orégano, mejorana, romero, pimentón picante, hierbas provenzales, ajo de oso, perejil, cebollino, perifollo, tomillo, estragón, salvia, berros, cebolla, acedera, rucola.

El huevo fresco

Para comprobar hasta qué punto son frescos los huevos que se ofertan sin fecha de caducidad, se pone uno de ellos en un vaso grande con agua: si realmente es muy fresco, se hunde y se mantiene hundido en el fondo. Si su parte más plana tiende a ir hacia arriba, se estima un tiempo de unos siete días. Si su lado más agudo es el que se eleva, tendrá entre siete días y tres semanas: se puede tomar, pero sólo cocido y nunca crudo. Si flota en la superficie, tendrá más de tres semanas y ya no debe usarse. Cuanto más viejo es un huevo, más grande es la cámara de aire que tiene y mayor su flotabilidad.

Novedades sobre el queso

Hasta la fecha, la dieta disociada sólo diferencia el queso por su contenido graso. No obstante, el principio de Hay -según el cual los alimentos acidificados son digeridos por el organismo con mayor facilidad y, por tanto, son neutros- me ha llevado a profundizar en el tema y llegar a nuevas conclusiones sobre el queso.

Los quesos que forman parte del grupo de las proteínas contienen menos del 60% de materia grasa. Están elaborados con leche agria y pasteurizados, es decir, han sido calentados con anterioridad y, como consecuencia, su digestión resulta más difícil. Aun cuando un trozo de queso 'aporta' más calcio que un vaso de leche, hay que contar siempre con el índice de grasa; de no hacerlo, el efecto positivo sobre la salud es nulo.

¿Hasta qué punto es graso un queso?

En los envases o etiquetas consta el índice de grasa de los quesos en relación con su masa seca, pues el contenido de agua disminuye a lo largo del proceso de curación y durante la conservación. Para no tener que evaluar el queso de forma reiterada, se establece un valor fijo relacionado con la masa seca. El porcentaje indicado no debe impresionar, pues el contenido absoluto de grasa es mucho menor. Así, por ejemplo, en los quesos blandos, que a veces contienen un 50% de humedad, viene a ser la mitad. Para conocer el valor absoluto de la grasa de un queso existe una regla sencilla:

Índice de materia grasa multiplicado por...
0,3 en quesos frescos,
0,4 en quesos blandos (como el camembert),
0,5 en quesos de corte (como el manchego) y
0,6 en quesos duros (como el parmesano).
Cálculo para 100 g de queso tilsit (15% graso):
15 x 0,5 g = 7,5 g de materia grasa/100 g de queso.

Estos quesos se integran en el grupo de las proteínas y pueden combinarse con todos los productos alimenticios del grupo de las proteínas y del grupo neutro: bergade, queso picante, algunos quesos azules (por ejemplo blue stilton), bonbel, cantadou, cantal, cheddar, chester, esrom, fontal, gorgonzola,harvarti, maasdamer, pecorino, gouda, queso de merienda, queso de montaña, raclette, rottaler.

• Los quesos que forman parte del grupo neutro están elaborados con leche cruda natural y han fermentado por la acción de las bacterias lácticas, por lo que son de fácil digestión.

Quesos neutros se pueden combinar con todos los alimentos del grupo de las proteínas, del grupo de los hidratos de carbono y del grupo neutro. Tratándose de combinaciones con hidratos de carbono debe prescindirse de la leche, yemas de huevo, tomate, embutidos cocidos, fruta fresca, cítricos, vinos secos y vinos espumosos.

Quesos de corte neutros Appenzeller, emental de Allgau, fontina, gouda de nata, halloumi, majorero, morbier, queso de los Pirineos, raclette. Son apropiados para bocadillos y para gratinar.

Quesos duros neutros Beaufort, comté, fiore sardo, grana padano, greyerzer, grüntener, idiazábal, manchego, montasio, parmesano original, provolone, sbrinz suizo. Recién rallados, van muy bien con la pasta.

Quesos blandos neutros Ciertos quesos azules (por ejemplo bavaria blu, cambozola, danablue), brie de Meaux (otros bries están pasteurizados), cabrales, camembert, feta, geramont, munster de cabra, roquefort, Sant Albray. Son apropiados para tomar con pan.

Quesos de leche agria y frescos neutros Bresso, mascarpone, mozzarella, picandou fermier, ricotta, todas las variedades de queso de cabra fresco. Son apropiados para tomar con pan, algunos con patatas cocidas sin pelar y otros para gratinar.

Tortilla de cebolla con salchichas de ave

Tiempo de preparación: 15 minutos

Para 2 personas (aprox., 400 kcal por ración):
1 cebolla, 4 salchichas de ave, 4 huevos
4 cucharadas de agua mineral
2 cucharadas de nata, sal marina
1/2 manojo de cebollinos
2 cucharaditas de aceite de girasol

1. Pelar la cebolla, partirla a la mitad y cortarla en tiras finas. Partir las salchichas en rodajas. Batir los huevos con el agua mineral y la nata y sazonar con sal marina. Lavar el cebollino, agitarlo hasta que seque y trocearlo en forma de aritos.

2. Calentar el aceite en una sartén y sofreír la cebolla; ya dorada, retirarla y reservarla. Sofreír las salchichas en la grasa restante y mezclarlas con la cebolla.

3. Echar por encima los huevos batidos y cuajarlos a fuego lento. Entre tanto, desplazar de una o dos veces la masa del borde hacia el centro y acabar de hacerla. Servir con el cebollino esparcido por encima.

Como guarnición, **Ensalada de coliflor** (receta p. 34).

Mi sugerencia

Salchichas de ave

Representan en la dieta disociada una buena alternativa a otras salchichas ofertadas en el mercado, fundamentalmente porque aportan menos grasa. Se pueden adquirir ya envasadas en los supermercados, tiendas especializadas y secciones de aves de grandes superficies. Aunque la ley permite que incluyan otros tipos de carne, hay que procurar que sean realmente sólo de carne de ave.

Tortilla de hierbas provenzales

Tiempo de preparación: 30 minutos

Para 2 personas (aprox., 335 kcal por ración):
1 calabacín pequeño, 1 cebolla pequeña
1 cucharada de aceite de oliva
1 diente de ajo, sal marina
Hierbas provenzales, 6 huevos
1 chorro de agua mineral
2 cucharaditas de mantequilla
1 ramita de perejil

1. Lavar el calabacín, limpiarlo y cortarlo en rodajas finas. Pelar y picar la cebolla y el ajo.

2. Calentar el aceite en una sartén y pochar la cebolla y el ajo a fuego lento. Agregar las rodajas de calabacín, darles la vuelta y sofreírlas hasta que el líquido se haya evaporado. Sazonar con sal y con las hierbas provenzales.

3. Cascar los huevos en una fuente, añadir agua mineral y sal y batir 30 segundos con un tenedor, hasta lograr una espuma. Calentar de forma moderada la mitad de la mantequilla en una sartén antiadherente (Ø 20 cm) y extender la otra mitad por la masa de los huevos. Para que la tortilla no se pegue, agitar varias veces la sartén en un sentido y otro.

4. Cuando la tortilla se haya cuajado por abajo y aún esté cremosa por arriba, distribuir la mitad de las rodajas de calabacín sobre una parte de la tortilla, doblarla y superponer la otra mitad por encima. Pasarla a un plato dejando que se deslice y mantenerla caliente. Calentar la mantequilla restante y preparar la segunda tortilla con el resto de la masa de los huevos. Servir adornada con perejil.

Como guarnición, **Lechuga iceberg con rucola y tomate** (receta pág. 26).

Tortilla espumosa de queso

Tiempo de preparación: 15 minutos

Para 2 personas (aprox., 260 kcal por ración):
1/2 manojo de cebollinos, 4 huevos
3 cucharadas de agua mineral
2 cucharadas de nata
2 cucharadas de gouda rallado, sal marina
1 cucharada de mantequilla

1. Lavar los cebollinos, agitarlos hasta que sequen y cortarlos en aritos. Separar las claras de
las yemas de los huevos. Echar las yemas en
una fuente y batirlas hasta formar espuma con
el agua mineral, la nata, el queso, la sal y los
aritos de cebollino.

2. Salar un poco las claras, batirlas a punto de nie-
ve e incorporarlas a la masa de los huevos.

3. Calentar la mantequilla con moderación en una
sartén antiadherente y echar la mitad de la masa de los huevos. Menear reiteradamente la
sartén, para evitar que la tortilla se pegue.

4. Tapar y cuajar la tortilla a fuego lento. Dejar que
se deslice hasta pasarla a un plato y mantenerla caliente. Preparar la segunda tortilla con la
mantequilla y la masa restantes, pasarla a otro
plato y servir.

Como guarnición, **Lechuga repolluda con rabanitos y brotes de soja** (receta p. 30).

Variante:
*Las tortillas se cortan en trozos de tamaño ade-
cuado y se disponen decorativamente sobre la lechuga repolluda con rabanitos y brotes de soja.*

1 Tortilla de cebolla con salchichas de ave

2 Tortilla de hierbas provenzales

3 Tortilla espumosa de queso

Estofado de colinabo y zanahoria con huevos

Tiempo de preparación: 40 minutos

Para 2 personas (aprox., 320 kcal por ración):
1-2 colinabos tiernos (300 g)
300 g de zanahorias, 200 g de brécol
350 ml de caldo de verduras vegetariano
Sal marina, 4 huevos
25 g de queso fundido
1/2 manojo de perejil

1. Pelar y cortar el colinabo y las zanahorias en trocitos. Lavar el brécol, limpiarlo y partirlo en ramilletes. Pelar los tronchos y trocearlos.

2. Poner a hervir el caldo y dejar el brécol 15 minutos a fuego lento.

3. Echar los trocitos de colinabo y de zanahoria en otra cacerola con un poco de sal. Ponerlos a hervir, taparlos y cocerlos al dente 15 minutos. Cocer los huevos 10-12 minutos.

4. Quitarles el agua y escurrir el colinabo y la zanahoria. Retirar del fuego la cacerola con el brécol y el caldo y reducir a crema con ayuda de la batidora. Agregar el queso y fundirlo revolviendo. Mantener caliente la crema de brécol.

5. Enfriar de repente los huevos con agua fría, pelarlos y partirlos en cuartos. Lavar el perejil, agitarlo hasta que seque y picarlo.

6. Pasar a una fuente la crema de brécol y acompañar la verdura y los huevos de forma decorativa. Servir espolvoreado de perejil.

Como primer plato, una **Ensalada neutra** (recetas p. 26 y ss.).

'Souffle' de coliflor

Tiempo de preparación: 20 minutos
Tiempo de cocción: unos 25 minutos

Para 2 personas (aprox., 305 kcal por ración):
1 coliflor, 4 tomates
1/2 l de caldo de verduras vegetariano
80 g de pechuga de pavo ahumada
1 cucharadita de aceite de girasol
4 huevos, 1/2 manojo de cebollinos
4 cucharadas de queso frescos a las hierbas
   aromáticas

1. Lavar, limpiar y partir la coliflor en ramilletes. Poner a hervir el caldo y cocer la coliflor 10 minutos a fuego lento. Retirarla luego del caldo y escurrirla. Reservar 1/4 l del agua de cocción.

2. Quitarles a los tomates la inserción del tallo. Escaldarlos a continuación, pelarlos y trocearlos. Cortar la pechuga de pavo en trocitos. Precalentar el horno a 180 °C.

3. Calentar el aceite en una sartén antiadherente y sofreír los trocitos de pavo a fuego medio, revolviendo con frecuencia. Reservarlos.

4. Batir los huevos junto con el agua de cocción de la coliflor y el queso fresco. Mezclar la coliflor con los trozos de tomate y de pechuga de pavo. Pasar todo a un molde refractario de tamaño medio y repartir por encima la mezcla de los huevos y el queso fresco batidos. Cocer (en el centro del horno, con el aire de circulación a 160 °C) durante 20-25 minutos.

5. Lavar el cebollino, agitarlo hasta que seque y cortarlo en aritos. Servir el souffle esparcido por encima de cebollino.

Como primer plato, una **Ensalada neutra** (recetas p. 26 y ss.).

'Souffle' de col puntiaguda y zanahoria

Tiempo de preparación: 25 minutos
Tiempo de cocción: unos 45 minutos

Para 2 personas (aprox., 660 kcal por ración):
4 cucharadas de pepitas de girasol
1/2 col puntiaguda (300 g), sal marina
300 g de zanahorias, 1 cucharada de mantequilla
4 huevos, 100 g de nata
2 cucharaditas de caldo de verduras vegetariano
1-2 cucharaditas de pimentón dulce
40 g de parmesano rallado
mantequilla para el molde

1. Tostar las pepitas de girasol en una sartén antiadherente sin grasa, hasta dorarse. Retirarlas y dejar que enfríen.

2. Lavar la col puntiaguda, limpiarla, partirla en cuartos y recortarle el troncho. Poner a hervir agua con sal y blanquear la col 2 minutos. Retirar la col del agua, enfriarla de repente y escurrirla bien.

3. Cortar la col en tiras, retirándoles el grueso nervio central. Precalentar el horno a 175 °C.

4. Limpiar las zanahorias, pelarlas y rallarlas. Derretir la mantequilla en una sartén y, sin dejar de revolver, rehogar la zanahoria rallada 5-8 minutos a fuego medio.

5. Untar con mantequilla un molde refractario de tamaño medio y rellenarlo alternando capas de col y zanahoria. Distribuir por encima las pepitas de girasol.

6. Batir los huevos con la nata, 350 ml de agua, el caldo y el pimentón. Verter sobre la col la mezcla de huevos y nata. Extender por encima el parmesano de forma uniforme y cubrir el molde con papel de aluminio.

7. Cocer el souffle (en el centro del horno, con el aire de circulación a 150 °C) durante 30 minutos. Retirar el papel de aluminio y hornear el souffle otros 15 minutos, hasta que la superficie se vea dorada.

Como primer plato, **Lechuga repolluda con vinagreta de hierbas** (receta p. 32).

Variante:
En sustitución de la col puntiaguda, el souffle sale igual de bueno con acelgas o con col rizada. Ambas verduras combinan muy bien con la zanahoria. Y en vez de parmesano, el grana padano recién rallado ofrece un resultado similar. La mezcla de huevos y nata admite ser cambiada por una de crema de soja con huevos y agua que, una vez batida, se vierte sobre el souffle. No obstante, dado que la crema de soja es neutra en cuanto al sabor, la mezcla debe condimentarse algo más.

Mi sugerencia

Col puntiaguda, una col singular

Sus hojas son tiernas y su repollo, algo más ahuecado, termina en punta. El aroma que despliega es bastante más fino que el de la col blanca o la berza. La época de cosecha de esta variedad de col va de abril a diciembre.
De modo similar a la berza, se puede tomar cruda, cocida o rehogada.
A la hora de comprarla hay que procurar que el repollo esté bien cerrado y que las hojas que lo envuelven estén sueltas pero nunca lacias. Su conservación en el frigorífico se alarga hasta dos semanas.

Huevos revueltos

Quien los prefiera a los huevos al plato ha de empezar tomando 2 huevos por ración con sus ingredientes favoritos, como por ejemplo hierbas aromáticas, pimienta recién molida y trocitos de queso o de cebolla.

Se cascan los huevos en una fuente, se les agrega una pizca de sal y media cáscara de líquido (nata o agua mineral) por huevo y se baten. En una sartén pequeña se calienta aceite neutro en una cantidad tal que cubra el fondo. Se echan luego los huevos y, a 70-80 °C (en caso de un calor excesivo, se endurecen), se deja que cuajen a fuego lento. Una vez empiecen a cuajar, con una pala de cocina se van deshilachando; el huevo, todavía fluido, resulta escurridizo y termina cuajando.

Muy importante: retírese la sartén del fuego cuando el huevo aún está cremoso. Debe servirse, de inmediato, en platos calientes.

Espinacas de nata con huevos al plato

Tiempo de preparación: 15 minutos

Para 1 persona (aprox., 440 kcal por ración):
400 g de espinacas de nata (congeladas)
1 cucharadita de aceite de girasol
2 huevos, sal marina

1. Seguir las indicaciones del envase y descongelar primero las espinacas de nata a fuego lento; luego, ponerlas a cocer en una cacerola.

2. Calentar el aceite en una sartén antiadherente, partir los huevos y freírlos al plato. Salar un poco los huevos y servirlos en compañía de las espinacas.

Pimientos y calabacín con huevos al plato

Tiempo de preparación: 20 minutos

Para 2 personas (aprox., 300 kcal por ración):
2 pimientos rojos, 300 g de calabacines
1 cucharada de mantequilla
1 cucharada de caldo de verduras vegetariano
2 ramitas de perejil
1 cucharada de aceite de girasol prensado en frío
4 huevos frescos, sal marina

1. Partir los pimientos a la mitad, limpiarlos, lavarlos y partir de nuevo las mitades en dos partes. Lavar, limpiar y cortar los calabacines en rodajas de 1/2 cm de grosor.

2. Derretir la mantequilla en una sartén y, sin parar de revolver, sofreír la verdura a fuego medio. Rociarla con el caldo, añadir 5 cucharadas de agua, tapar y rehogar 10 minutos a fuego lento, revolviendo de vez en cuando. Lavar el perejil y agitarlo hasta que seque.

3. Entre tanto calentar el aceite en otra sartén, cascar los huevos y freírlos a fuego medio. Sazonarlos con un poco de sal.

4. Servir la verdura con los huevos en los platos y presentarlos adornados con ramitas de perejil.

Variante:
"Over easy" es el nombre con el que en Estados Unidos designan a los huevos al plato fritos por los dos lados. De adoptar esta variante, procúrese que la clara esté cuajada por completo antes de dar la vuelta al huevo en la sartén.

Huevos estrellados con jamón de vaca

Tiempo de preparación: 15 minutos

Para 2 personas (aprox., 780 kcal por ración):
1 cebolla, 50 g de jamón de vaca cocido
150 g de champiñones
1 1/2 cucharadas de aceite de girasol
4 huevos, sal marina
1/2 manojo de cebollinos

1. Pelar y picar la cebolla. Trocear el jamón menudo. Limpiar los champiñones, frotarlos si fuera necesario y laminarlos.

2. Calentar el aceite en una sartén con tapa y pochar la cebolla picada a fuego lento. Agregar el jamón y los champiñones y sofreírlos 3 minutos a fuego lento, sin dejar de revolver.

3. Cascar los huevos y dejarlos caer uno tras de otro sobre los champiñones. Separarlos con un tenedor y salarlos un poco. Poner la tapa y dejar que cuajen.

4. Lavar los cebollinos, agitarlos hasta que sequen y cortarlos en aritos. Esparcirlos por encima y servir los huevos presentados de esta manera.

Como guarnición, una **Ensalada neutra** (recetas p. 26 y ss.).

1 Espinacas de nata con huevos al plato

2 Pimientos y calabacín con huevos al plato

3 Huevos estrellados con jamón de vaca

Huevos revueltos con jamón y verdura

Tiempo de preparación: 30 minutos

Para 2 personas (aprox., 510 kcal por ración):
500 g de zanahorias, 1/2 manojo de cebollinos
1 1/2 cucharadas de mantequilla
200 g de guisantes, 1 cebolla, 4 huevos
1 cucharadita de caldo de verduras vegetariano
40 g de jamón de vaca crudo, agua mineral
2 cucharadas de nata, sal
1 cucharada de aceite de girasol

1. Limpiar las zanahorias, pelarlas y cortarlas en rodajas finas. Lavar los cebollinos, agitarlos hasta que sequen y cortarlos en aritos.

2. Derretir la mantequilla en una cacerola y sofreír en ella la zanahoria sin dejar de revolver. Agregar los guisantes y 100 ml de agua. Sazonar la verdura con el caldo, tapar y cocer 10 minutos a fuego lento.

3. Pelar y picar la cebolla. Trocear el jamón menudo. Batir en una fuente los huevos con el agua mineral, la nata y la sal hasta formar espuma.

4. Calentar el aceite y sofreír los trocitos de cebolla y jamón. Verter los huevos y dejar que cuajen. Juntar los huevos con un tenedor y terminar de freír como si fueran huevos revueltos. Pasarlos a un plato con la zanahoria y servir con el cebollino repartido por encima.

Huevos revueltos con champiñones y brotes

Tiempo de preparación: 15 minutos

Para 2 personas (aprox., 415 kcal por ración):
150 g de champiñones, 1 cebolla, 4 huevos
Agua mineral, 2 cucharadas de nata, sal marina
100 g de brotes de soja
2 cucharaditas de aceite de girasol
1 cucharadita de pimentón picante

1. Limpiar los champiñones, frotarlos si fuera preciso y laminarlos. Pelar y picar la cebolla.

2. Batir los huevos con agua mineral y nata; sazonar con sal marina. Lavar y escurrir los brotes de soja.

3. Calentar el aceite en una sartén y pochar la cebolla a fuego lento. Agregar los champiñones y, también a fuego lento, sofreírlos unos 3 minutos. Sazonar con pimentón.

4. Verter los huevos batidos sobre los champiñones y dejar que cuajen a fuego lento. Juntar la masa de los huevos con una pala de cocina y dejar que cuaje como si fuesen huevos revueltos. Repartir por encima los brotes de soja.

Setas salteadas con huevo

Tiempo de preparación: 20 minutos

Para 2 personas (aprox., 255 kcal por ración):
300 g de cantarelas, 1 cebolla, 4 huevos
1/2 manojo de cebollinos
1 cucharada de mantequilla, sal marina
Agua mineral
2 cucharadas de nata

1. Frotar y limpiar las cantarelas; eventualmente, trocearlas fino. Pelar y picar la cebolla. Lavar el perejil, agitarlo hasta que seque y picarlo.

2. Calentar la mantequilla en una sartén y pochar la cebolla a fuego lento. Agregar las setas, sazonarlas con sal y sofreírlas revolviendo hasta que se doren y el volumen del agua se reduzca.

3. Mientras, batir los huevos con agua mineral y nata; sazonar con sal. Verter la masa de los huevos sobre las setas y cuajarla a fuego lento. Juntar la masa de los huevos y las setas y terminar de hacerla. Servir las setas espolvoreadas de perejil.

Como guarnición, una **Ensalada neutra** (recetas p. 26 y ss.).

Huevos revueltos con tomate

Tiempo de preparación: 15 minutos

Para 2 personas (aprox., 245 kcal por ración):
4 huevos, agua mineral, 2 cucharadas de nata
Sal marina, 4 tomates, pimienta
1 cucharadita de aceite de girasol
2 cucharaditas de aritos de cebollino

1. Batir los huevos con agua mineral y nata y sazonar con sal marina.

2. Lavar los tomates, retirarles la inserción del tallo y partirlos en octavos. Disponer los trozos de tomate en un plato y sazonarlos con sal y pimienta.

3. Calentar el aceite en una sartén antiadherente, verter los huevos batidos en ella y cuajarlos a fuego lento.

4. Juntar la masa de los huevos y terminar de freírla de forma similar a los huevos revueltos. Colocarla junto al tomate y echar el cebollino por encima.

Como guarnición, una **Ensalada neutra** (recetas p. 26 y ss.).

Ensalada mixta con salsa de verde y huevos

Tiempo de preparación: 30 minutos

Para 2 personas (aprox., 365 kcal por ración):
1 coliflor pequeña, sal marina, 4 huevos
1/2 lechuga iceberg, 1 colinabo tierno
2 tomates, sal de hierbas
Unas ramitas de perejil, pimpinela, perifollo,
eneldo, cebollino, acedera, estragón, melisa o
borraja
100 g de nata agria, 250 ml de leche cuajada
1 cucharadita de zumo de limón
1 cucharada de aceite de girasol

1. Lavar, limpiar y partir la coliflor en ramilletes. Poner a hervir agua con un poco de sal y cocer al dente la coliflor. Retirarla pasados 12 minutos, enfriarla de repente, escurrirla y dejar que enfríe.

2. Cocer los huevos 10-12 minutos, enfriarlos luego con agua fría y pelarlos. Picar 1 huevo y partir a la mitad los restantes.

3. Limpiar la lechuga iceberg, lavarla y cortarla en tiras. Pelar y rallar el colinabo.

4. Lavar los tomates, quitarles la inserción del tallo y cortarlos en rodajas finas. Decorar 2 platos con los ramilletes de coliflor, la lechuga iceberg, el colinabo y el tomate en rodajas finas.

5. Lavar las hierbas, agitarlas hasta que sequen y picarlas fino. Mezclar y revolver la nata agria con la leche cuajada, el zumo de limón, el aceite y la sal de hierbas. Mezclar las hierbas y el huevo picado.

6. Rociar la ensalada con la salsa de huevo y adornar el conjunto con los medios huevos.

Ensalada de huevos
con zanahorias en mantequilla

Tiempo de preparación: 15 minutos

Para 2 personas (aprox., 370 kcal por ración):
4 huevos, 80 g de nata agria
Unas ramitas de perifollo, cebollino, borraja
1 cucharada de mayonesa
70 g de suero de mantequilla, sal de hierbas
1 cucharadita de zumo de limón, sal marina
500 g de zanahorias, 6 hojas de lechuga
1 cucharada de mantequilla
1/2 manojo de perejil

1. Cocer los huevos 10-12 minutos, enfriarlos con agua de repente, pelarlos y cortarlos en rodajas.

2. Lavar las hierbas, agitarlas hasta que sequen y picarlas.

3. Mezclar y revolver la nata agria con la mayonesa, el suero de mantequilla, el zumo de limón y la sal de hierbas. Incorporar las hierbas. Mezclar con las rodajas de huevo con cuidado.

4. Limpiar, pelar y rallar las zanahorias. Derretir la mantequilla en una cacerola y, a fuego medio, rehogar la zanahoria 6-8 minutos sin dejar de revolver. Sazonar ligeramente con sal.

5. Limpiar las hojas de lechuga, lavarlas, agitarlas hasta que sequen y disponerlas sobre 2 platos. Repartir la zanahoria rallada por encima y servir con la ensalada de huevos. Espolvorear de perejil.

Variante:
Para llevar, la zanahoria rallada en vez de rehogada se mezcla cruda con la ensalada de huevos. También, en lugar de las hierbas se emplean sólo berros.
Para que no escurra, la ensalada de huevos se pone en un recipiente de cierre hermético o en un tarro grande bien limpio con cierre de rosca.

Ensalada con huevos y anchoas

Tiempo de preparación: 25 minutos

Para 2 personas (aprox., 380 kcal por ración):
4 huevos, 1 pepino pequeño, 6 tomates cherry
1 manojo de rabanitos, 2 cebolletas
1 manzana ácida, 1 cucharada de zumo de limón
100 g de lechuga iceberg, 100 g de escarola
100 g de rucola
Para el aliño:
1 manojo de eneldo, 150 ml de zumo de pomelo
2 cucharadas de nata agria, sal de hierbas
1 cucharada de aceite de girasol
10 filetes de anchoa, 2 ramitas de perejil

1. Cocer los huevos 10-12 minutos, enfriarlos de forma brusca con agua fría y pelarlos.

2. Pelar y partir el pepino a la mitad; luego, despepitarlo y trocearlo menudo. Lavar los tomates y partirlos también a la mitad. Limpiar los rabanitos y las cebolletas, lavarlos y cortarlos, respectivamente, en rodajas y en aros finos.

3. Lavar y partir en cuartos la manzana, descorazonarla y cortarla en forma de bastoncitos. Rociarla de seguido con zumo de limón.

4. Limpiar, lavar y escurrir las hojas de las ensaladas. Partirlas en trozos adecuados y mezclarlas. Repartir la ensalada en 2 platos.

5. Lavar el eneldo, agitarlo hasta que seque y picarlo. Mezclarlo y revolverlo con el zumo de pomelo, la nata agria, el aceite y la sal. Verter este aliño sobre la ensalada.

6. Lavar las anchoas con agua fría y secarlas con papel de cocina. Cortar los huevos en rodajas y distribuirlos por encima de la ensalada. Echar a su vez las anchoas y servir cada plato adornado con una ramita de perejil.

Crema de tomate con huevos escalfados

Tiempo de preparación: 40 minutos

Para 2 personas (aprox., 355 kcal por ración):
5 tomates maduros, 1 cebolla
125 g de apio de bulbo, 2 zanahorias
1 cucharada de aceite de oliva
3/8 l de caldo de verduras vegetariano
1 cucharadita de tomillo, otra de orégano, secos
1 cucharadita romero seco, 4 huevos
2 pizcas de pimienta de Cayena
1-2 cucharaditas de pimentón picante
4 cucharadas de nata, hojas de albahaca

1. Quitarles a los tomates la inserción del tallo. Una vez escaldados, pelarlos, partirlos a la mitad, despepitarlos y trocearlos. Pelar y partir en trozos pequeños la cebolla, el apio y las zanahorias.

2. Calentar el aceite en una cacerola y pochar los trocitos de cebolla a fuego lento. Sin dejar de revolver, agregar paulatinamente los trozos de apio, zanahoria y tomate. Rehogar todo 5 minutos a fuego medio.

3. Verter el caldo y cocer la verdura 15 minutos a fuego lento. Sazonar con tomillo, orégano, romero, pimienta de Cayena y pimentón. Mezclar y revolver la nata.

4. Retirar la cacerola del fuego y con ayuda de la batidora reducir la verdura a crema. Poner de nuevo la cacerola al fuego.

5. Cascar los huevos uno a uno, echarlos en una cuchara sopera y dejarlos caer con cuidado sobre la crema. Escalfarlos 5 minutos a fuego lento. Servir la crema adornada con albahaca.

Berenjenas y pimientos con queso

Tiempo de preparación: 40 minutos

Para 2 personas (aprox., 385 kcal por ración):
400 g de tomates maduros, 1 berenjena
Sal marina, 2 pimientos rojos, 1 cebolla
1-2 dientes de ajo, sal de hierbas
3 cucharadas de aceite de oliva
Romero molido, 1 cucharadita de tomillo seco
1 cucharadita de orégano seco
1/8 l de vino blanco seco
120 g de queso de oveja
Unas hojas de albahaca

1. Retirarles a los tomates la inserción del tallo y, ya escaldados, pelarlos y trocearlos. Lavar, limpiar y cortar la berenjena; luego, limpiarla y cortarla en rodajas de 1/2 cm de grosor. Sazonar con sal y dejar en maceración 10 minutos.

2. Partir a la mitad los pimientos, limpiarlos, lavarlos y cortarlos en trozos. Pelar y picar la cebolla y el ajo. Calentar el aceite y pochar el picado de cebolla y ajo a fuego lento.

3. Secar las rodajas de berenjena con papel de cocina. Pasarlas a una cacerola con el tomate y los trozos de pimiento y, sin dejar de revolver, sofreír conjuntamente 3 minutos. Sazonar con sal de hierbas, romero, tomillo y orégano. Añadir el vino, tapar y cocer todo a fuego lento durante 20 minutos. Desmenuzar encima el queso de oveja y dejar que se funda. Servir las berenjenas adornadas con albahaca.

1 Ensalada de primavera con huevos y anchoas

2 Crema de tomate con huevos escalfados

3 Berenjenas y pimientos con queso

'Souffle' de col rizada y tomate

Tiempo de preparación: 30 minutos
Tiempo de cocción: unos 20 minutos

Para 2 personas (aprox., 905 kcal por ración):
1 col rizada pequeña, sal marina
4 cucharadas de aceite de girasol
1 cucharadita de comino en polvo
Nuez moscada recién rallada, sal de hierbas
400 g de tomates maduros, 1 cebolla
2 dientes de ajo, 1/2 manojo de perejil
300 g de carne picada de vaca
1 cucharadita de pimentón picante
100 ml de caldo de verduras vegetariano
4 cucharadas de nata
100 g de gouda joven

1. Quitarle a la col rizada las hojas exteriores, partirla a la mitad, recortarle el troncho y cortarla en tiras finas. Poner a hervir agua con sal y blanquear en ella la col rizada. Pasados 3 minutos, retirarla y escurrirla.

2. Calentar el aceite en una sartén y, a fuego medio, rehogar las tiras de col 4-5 minutos revolviendo de vez en cuando. Sazonar ligeramente con comino, nuez moscada y sal de hierbas. Reservar.

3. Eliminarle la inserción del tallo a los tomates y, una vez escaldados, pelarlos y trocearlos. Precalentar el horno a 175 °C. Pelar y picar la cebolla y el ajo. Lavar el perejil, agitarlo hasta que seque y picarlo. Cortar el gouda en tiras.

4. Calentar el resto del aceite y pochar la cebolla y el ajo a fuego lento. Agregar la carne picada y sofreírla, sin dejar de revolver, hasta desmigajarse. Sazonar con sal, pimentón y perejil. Mezclar y revolver los trozos de tomate, el caldo y la nata. Si se quiere, rectificar con sal de hierbas.

5. Pasar a un molde refractario la mitad de la col rizada y distribuir sobre ella la carne picada. Repartir por encima el resto de la col rizada y el queso. Gratinar (en el centro del horno, con el aire de circulación a 150 °C) durante unos 20 minutos.

'Souffle' de coliflor con 'raclette'

Tiempo de preparación: 40 minutos
Tiempo de cocción: unos 15 minutos

Para 2 personas (aprox., 605 kcal por ración):
1 coliflor
1/2 l de caldo de verduras vegetariano
120 g de pechuga de pavo ahumada
1 cucharada de aceite de girasol
100 g de nata, nuez moscada recién rallada
1/2 manojo de cebollinos, 150 g de raclette

1. Lavar, limpiar y partir la coliflor en ramilletes. Poner a hervir el caldo de verduras y, a fuego lento, cocer la coliflor al dente durante 12 minutos; retirarla del caldo y escurrirla. Recoger y reservar 1/2 l del agua de cocción.

2. Trocear fino la pechuga de pavo. Calentar el aceite en una sartén antiadherente y, dándoles la vuelta, sofreír los trocitos 5 minutos a fuego medio.

3. Precalentar el horno a 180 °C. Mezclar y revolver la nata fresca con el agua de cocción de la coliflor. Sazonar con nuez moscada. Lavar los cebollinos, agitarlos hasta que sequen y cortarlos en aritos. Incorporar los aritos de cebollino sin dejar de revolver.

4. Cortar el queso de raclette en tiras finas. Mezclar la coliflor con los trocitos de pavo, echar el resultado en un molde refractario y verter encima la mezcla de la nata. Ordenar el queso sobre el conjunto. Gratinar (en el centro del horno, con el aire de circulación a 170 °C) durante 12-15 minutos.

Variante:
En vez de coliflor también es posible utilizar brécol, y la nata se puede reemplazar por un producto de soja. No obstante, de hacerse así, el souffle requerirá condimentos que le dan una sazón más fuerte.

Pepino rehogado con parmesano

Tiempo de preparación: 45 minutos
Tiempo de cocción: unos 15 minutos

Para 2 personas (aprox., 450 kcal por ración):
1 pepino maduro (800 g), 1 cebolla
1 1/2 cucharadas de aceite de girasol
1 cucharada de caldo de verduras vegetariano
1 cucharadita de cilantro molido
5 cucharadas de nata, 1 manojito de eneldo
3 rebanadas de pan integral
1 cucharada de mantequilla
80 g de parmesano recién rallado

1. Pelar el pepino, cortarlo a lo largo de forma longitudinal, despepitarlo y trocearlo. Pelar y picar la cebolla. Lavar el eneldo, agitarlo hasta que seque y picarlo.

2. Calentar el aceite en la sartén y pochar la cebolla a fuego lento. Añadir los trozos de pepino, tapar y rehogar 10 minutos a fuego lento. Sazonar con caldo, eneldo y cilantro e incorporar la nata. Precalentar el horno a 175 ºC.

3. Entre tanto, trocear fino las rebanadas de pan. Calentar la mantequilla en una sartén y, a fuego medio, tostar en ella los trocitos de pan hasta dorarse.

4. Disponer el pepino sobre un molde refractario. Mezclar los trocitos de pan con parmesano y extender la mezcla por encima. Gratinar hasta dorarse (en el centro del horno, con el aire de circulación a 150 ºC) durante 15 minutos.

Como primer plato, una **Ensalada neutra** (recetas p. 26 y ss.).

'Souffle' de pimiento y calabacín

Tiempo de preparación: 40 minutos

Para 2 personas (aprox., 275 kcal por ración):
1 cebolla, 1 diente de ajo, 1 pimiento rojo
300 g de calabacín, 150 g de champiñones
1 1/2 cucharadas de aceite de oliva
Sal marina, pimienta, 50 g de queso de oveja
50 g de gouda recién rallado, 2 tomates
unas hojas de albahaca

1. Pelar la cebolla y el ajo, partiendo a la mitad la primera y haciendo tiras finas la segunda. Lavar y partir a la mitad el pimiento rojo, despepitarlo y cortarlo en tiras finas.

2. Lavar el calabacín, limpiarlo y cortarlo en tiras finas. Limpiar los champiñones, frotarlos si fuera necesario y laminarlos.

3. Calentar el aceite en una sartén y pochar la cebolla a fuego lento. Acompañar la verdura y sofreírla 5 minutos, sin dejar de revolver. Exprimir el ajo encima y sazonar con sal y pimienta. Tapar la verdura y rehogarla 8 minutos a fuego lento.

4. Precalentar el horno a 175 ºC. Disponer la verdura en un molde refractario. Desmenuzar el queso de oveja y mezclarlo con el gouda. Distribuir sobre la verdura la mezcla de los quesos. Gratinar (en el centro del horno, con el aire de circulación a 150 ºC) unos 15 minutos, hasta dorarse.

5. Lavar y quitarles a los tomates la inserción del tallo. Partirlos en octavos, repartirlos por los platos y salpimentarlos. Adornarlos con albahaca y servirlos con el souffle.

Zanahorias y puerros gratinados con manzana

Tiempo de preparación: 20 minutos
Tiempo de cocción: unos 55 minutos

Para 2 personas (aprox., 695 kcal por ración):
300 g de puerros, 2 manzanas ácidas
300 g de zanahoria, 200 g de nata
2 cucharaditas de caldo de verduras vegetariano
80 g de parmesano recién rallado
Mantequilla para el molde

1. Limpiar los puerros, partirlos a lo largo y lavarlos bien; cortarlos luego en trozos de 3 cm de longitud y hacer con ellos bastoncitos. Lavar las manzanas y partirlas en cuartos, despepitarlas y trocearlas fino. Limpiar, pelar y cortar las zanahorias en rodajas finas.

2. Untar un molde refractario alto con un poco de mantequilla. Precalentar el horno a 175 °C. Formar en el molde sendas capas con la mitad de las rodajas de zanahoria, con los bastoncitos de puerro y con los trocitos de manzana. Superponer a su vez capas sucesivas con el resto del puerro, la manzana y la zanahoria.

3. Mezclar y revolver la nata con 300 ml de agua y el caldo. Incorporar a la mezcla y revolver la mitad del parmesano. Verter la mezcla sobre la verdura y repartir por encima el parmesano restante de forma homogénea.

4. Tapar con papel de aluminio y meter a cocer en el horno (en el centro, con el aire de circulación a 150 °C) alrededor de 35 minutos. Retirar el papel de aluminio y gratinar el souffle 20 minutos, hasta dorarse.

1 Pepino rehogado con costra de parmesano

2 'Souffle' de pimiento y calabacín

3 Zanahorias y puerros gratinados con manzana

Pimientos con queso de oveja

Tiempo de preparación: 40 minutos

Para 2 personas (aprox., 360 kcal por ración):
600 g de pimientos (rojo, amarillo y verde)
200 g de tomates, 1 cebolla de tamaño medio
1 cucharada de puré de tomate
2 cucharadas de aceite de oliva, sal
1 cucharadita de romero seco
1 cucharadita de tomillo seco
150 g de queso de oveja, 2 ramitas de romero

1. Lavar los pimientos, partirlos a la mitad, limpiarlos y cortarlos menudo. Retirarles la inserción del tallo a los tomates y, ya escaldados, pelarlos y trocearlos. Pelar la cebolla y hacerla aros finos.

2. Calentar el aceite en una sartén grande y rehogar los aros de cebolla a fuego lento. Sumar el resto de la verdura y el puré de tomate y, sin dejar de revolver, rehogar todo 10 minutos. Sazonar con sal, romero y tomillo.

3. Cortar el queso de oveja en trozos pequeños y mezclarlo con la verdura. Calentar un poco el queso. Repartir la verdura en 2 platos y servirla adornada con las ramitas de romero.

'Mozzarella' frita sobre tomate

Tiempo de preparación: 25 minutos

Para 2 personas (aprox., 700 kcal por ración):
700 g de tomates, 12 aceitunas negras
4 cucharadas de aceite de oliva, sal de hierbas
1/2 manojo de albahaca, 250 g de mozzarella
2 yemas, 6 cucharadas de pan integral rallado

1. Lavar los tomates, cortarles la inserción del tallo y hacerlos rodajas finas. Colocar las rodajas en un plato, rociarlas con 2 cucharadas de aceite de oliva y sazonarlas con un poco de sal. Lavar la albahaca, agitarla hasta que seque, picarla y espolvorear con ella el tomate.

2. Escurrir la mozzarella y partirla formando bastones de 2 cm de anchura. Batir las yemas y verter en un plato el pan rallado. Pasar primero la mozzarella por las yemas y después por el pan rallado.

3. Calentar en una sartén el aceite restante y, a fuego medio, freír la mozzarella por un igual hasta dorarse. Ponerla sobre el tomate y adornar con las aceitunas.

Crema de queso con salmón y patatas

Tiempo de preparación: 25 minutos

Para 2 personas (aprox., 590 kcal por ración):
400 g de patatas, 100 g de queso fresco
125 g de suero, sal marina, 8 aceitunas negras
125 g de salmón, 2 ramitas de eneldo
2 cogollos de endibia, pimienta
2 cucharadas de aceite de girasol
1 cucharadita de vinagre de sidra
2 ramitas de perejil

1. Lavar las patatas y cocerlas con su piel durante 20 minutos. Retirarlas, dejar enfriar y pelarlas.

2. Mezclar el queso fresco y el suero, hasta formar una crema que sazonamos con sal. Picar las aceitunas. Cortar el salmón en tiras finas y mezclar las aceitunas y el salmón con la crema de queso. Mantener la crema en un lugar frío.

3. Mientras, lavar la endibia, limpiarla, partirla a lo largo a la mitad y deshojarla. Decorar con las hojas 2 platos y poner la crema de queso en el centro de cada uno. Lavar el eneldo, agitarlo hasta que seque y adornar con él la crema.

4. Mezclar el aceite con el vinagre, la sal y la pimienta. Rociar la endibia con la mezcla, adornar con perejil y servir con las patatas cocidas.

Queso de oveja a la papillote

Tiempo de preparación: 20 minutos
Tiempo de cocción: unos 20 minutos

Para 2 personas (aprox., 275 kcal por ración):
1 tomate carnoso grande, 1 cebolla
1 cucharadita de aceite de oliva
2 lonchas de queso de oveja (100 g cada una)
Pimienta, 2 cucharaditas de orégano seco
2 cucharaditas de tomillo seco
2 cucharaditas de romero seco

1. Precalentar el horno a 200 ºC. Lavar los tomates, quitarles la inserción del tallo y cortarlos en rodajas. Pelar la cebolla y hacerla aros finos

2. Untar con aceite de oliva dos trozos grandes de papel aluminio y disponer sobre ellos las rodajas de tomate y los aros de cebolla.

3. Colocar encima el queso y sazonar con pimienta, orégano, tomillo y romero. Cubrir todo con el tomate y la cebolla restantes.

4. Doblar el papel de aluminio y asar (en el centro del horno, con el aire de circulación a 180 ºC) durante 20 minutos.

Como guarnición, **Ensalada de tomate** (receta p. 28).

Berenjenas gratinadas con 'mozzarella'

Tiempo de preparación: 25 minutos
Tiempo de cocción: unos 20 minutos

Para 2 personas (aprox., 635 kcal por ración):
1 berenjena, sal marina, 4 tomates maduros
1 cebolla, 2 dientes de ajo
4 cucharadas de aceite de oliva
250 g de carne picada de vaca
1 cucharadita de hojitas de orégano frescas
1/2 cucharadita de sambal oelek
125 g de mozzarella
Unas hojitas de albahaca

1. Lavar la berenjena, limpiarla y partirla en rodajas de 1 cm de grosor. Sazonarlas con sal y dejar que maceren unos 15 minutos.

2. Eliminarles la inserción del tallo a los tomates y escaldarlos; luego, pelarlos y trocearlos. Pelar y picar la cebolla y el ajo. Precalentar el horno a 200 ºC.

3. Secar las rodajas de berenjena con papel de cocina. Calentar 3 cucharadas de aceite en una sartén antiadherente y, a fuego medio, sofreír las rodajas de berenjena por ambos lados hasta dorarse. Retirarlas y dejar que escurran sobre papel de cocina.

4. Calentar el aceite restante y pochar a fuego lento la cebolla y el ajo picados. Agregar la carne picada y sofreírla -sin dejar de revolver- hasta desmigajarse. Sazonar con sal, pimienta y sambal oelek. Incorporar los tomates revolviendo sin parar.

5. Ordenar las rodajas de berenjena sobre un molde refractario y repartir por encima la carne picada. Escurrir la mozzarella, laminarla y ponerla encima.

6. Gratinar (en el centro del horno, con el aire de circulación a 180 ºC) alrededor de 20 minutos. Servir las berenjenas adornadas con albahaca.

Variante:
Este plato también resulta excelente con calabacín. La berenjena en este caso se sustituye por 2 calabacines (unos 400 g), que se lavan, limpian, cortan en rodajas y se sofríen. Se procede luego como se indica en la receta. La mozzarella también admite su cambio, a discreción, por gouda o raclette.
Para los vegetarianos, los calabacines se cortan de forma diagonal y se sofríen en aceite de oliva con cebolla y ajo. Se sazonan con sal, orégano y pimienta. En sustitución de la carne picada se baten 3 huevos con sal, que se vierten sobre los calabacines. Se espolvorea de gouda rallado y los huevos se cuajan a fuego medio, dejando que el queso se funda. La tortilla de calabacín se sirve adornada con albahaca.

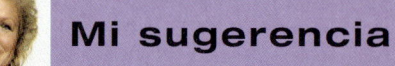

Mi sugerencia

Desengrasar berenjenas
Las rodajas de berenjenas absorben mucha grasa al freírse. Para ahorrar un poco de grasa, sofreír primero la tercera parte de las rodajas en la sartén por ambos lados y dejar que se impregnen bien de grasa.
Apilar después las rodajas (alternando las que tienen grasa con las que carecen de ella) y, oprimiendo con un tenedor, hacer que las secas se impregnen de la grasa que sueltan las demás. Finalmente poner arriba la rodaja inferior, freír la que sigue, ponerla en la parte superior, etcétera, haciendo que al presionar las de arriba suelten el aceite e impregnen a las situadas debajo.

Torta de espelta con brécol y 'cambozola'

Tiempo de preparación: 30 minutos
En reposo: 45 minutos
Tiempo de cocción: unos 20 minutos

Para 2 personas (aprox., 805 kcal por ración):
Para la masa:
1 dado de levadura (42 g)
250 g de harina integral de espelta fina
1 cucharada de aceite de oliva
1 cucharadita de sal marina
mantequilla para el molde
Para la guarnición:
250 g de brécol, sal marina, 1 cebolla grande
1 diente de ajo, 1/2 manojo de perejil
3 cucharadas de aceite de oliva
Sal de hierbas, 1 cucharadita de orégano seco
60 g de queso azul (60% de materia grasa, por
ejemplo cambozola)
80 g de nata agria, nuez moscada recién rallada

1. Para la masa, disolver la levadura en 150 ml de agua templada y mezclarla con la mitad de la harina; taparla y dejarla que repose 25 minutos en un lugar caliente. Untar con mantequilla un molde desmontable (Ø 28 cm).

2. Verter en una fuente el resto de la harina, hacer un hueco en el centro y echar el aceite, la sal marina y la masa. Amasar todo hasta conseguir una masa elástica.

3. Enharinar la superficie de trabajo y estirar la masa hasta dejarla de un tamaño algo mayor que el del molde que ocupará. Dejar que repose 20 minutos, dispuesta ya en el molde, en un lugar caliente. Precalentar el horno a 200º C.

4. Lavar, limpiar y partir el brécol en ramilletes. Pelar los tallos y trocearlos menudo. Poner a hervir agua con sal y cocer 5 minutos el brécol al dente. Retirarlo del agua y escurrirlo bien.

5. Pelar la cebolla y el ajo. Cortar la cebolla en aros y pasar el ajo por el prensaajos. Lavar el perejil, agitarlo hasta que seque y picarlo.

6. Calentar la mitad del aceite y pochar la cebolla a fuego lento. Sofreír a la vez el brécol y sazonar con sal.

7. Mezclar y revolver el perejil con el resto del aceite y el ajo y con este aliño untar la masa por un igual. Repartir por encima los aros de cebolla y el brécol y espolvorear de orégano.

8. Aplastar el queso azul y, revolviendo, mezclarlo con la nata agria y la nuez moscada; luego, distribuirlo sobre la verdura. Cocer (en el centro del horno, con el aire de circulación a 180 ºC) durante 18-20 minutos.

Como entrante, una **Ensalada neutra** (recetas p. 26 y ss.).

Mi sugerencia

Mejor hecho todavía

La torta estará mejor hecha si se cuece antes durante 5-8 minutos en el horno precalentado. ¡Atención!, durante la cocción la masa sube. Finalizado el proceso, basta con retirarla del horno y repartir sobre ella la guarnición.

Ensalada mixta con aliño de sidra y queso

Tiempo de preparación: 20 minutos

Para 2 personas (aprox., 520 kcal por ración):
1 lechuga iceberg, 100 g de rucola, 2 tomates
1 pimiento amarillo, 1 pimiento verde
1 pepino pequeño, 1 cebolla, 6 dientes de ajo
200 ml de sidra (o vino blanco)
3 cucharadas de aceite de oliva, sal marina
4 cucharadas de hierbas picadas (tomillo, oréga-no, levística o perejil)
120 g de queso de corte (harvarti o gouda)
12 aceitunas negras

1. Limpiar la lechuga iceberg y lavarla; partirla luego a la mitad, cortarla en trozos adecuados y secarla en la centrifugadora. Lavar la rucola, retirarle los nervios más gruesos y escurrirla.

2. Lavar y partir a la mitad los pimientos; limpiarlos y cortarlos fino. Lavar los tomates, quitarles la inserción del tallo y trocearlos menudo. Pelar el pepino, partirlo a lo largo en cuartos, despepitarlo y cortarlo en trozos estrechos. Mezclar todo en una fuente.

3. Pelar y picar la cebolla. Pelar el ajo y laminarlo. Para preparar el aliño, mezclar la sidra y la sal y revolver la mezcla con 1 1/2 cucharadas de aceite. Añadir las hierbas y revolver junto con los trocitos de cebolla. Aderezar la ensalada con el aliño.

4. Cortar el queso en trocitos. Calentar el aceite restante en una sartén pequeña y sofreír el ajo hasta dorarse. Distribuir el ajo con los trocitos de queso y las aceitunas sobre la ensalada.

Ensalada de verduras con queso de cabra

En maceración: 30 minutos
Tiempo de preparación: unos 40 minutos

Para 2 personas (aprox., 670 kcal por ración):
3 cucharadas de aceite de oliva
1 cucharada de hierbas provenzales
160 g de queso de queso de cabra fresco
1 coliflor pequeña, sal marina
1/4 de cogollo de lechuga de hoja de roble
1 manojito de rucola, 1 aguacate maduro
3 tomates, 1/2 manojo de perejil
1 cucharada de aceto balsámico blanco
Sal de hierbas

1. Mezclar y revolver el aceite con las hierbas provenzales. Cortar el queso en rodajas y mantenerlo 30 minutos en maceración.

2. Lavar, limpiar y partir la coliflor en ramilletes. Poner a hervir agua con un poco de sal, tapar y cocer la coliflor 15 minutos a fuego lento. Retirarla y enfriarla.

3. Limpiar la lechuga y la rucola, lavar ambas, partirlas en trozos apropiados y secarlas en la centrifugadora. Partir a la mitad el aguacate, deshuesarlo, pelarlo y trocearlo fino.

4. Lavar los tomates, limpiarlos, quitarles la inserción del tallo y cortarlos en rodajas. Mezclar los ingredientes de la ensalada. Lavar el perejil, agitarlo hasta que seque y picarlo.

5. Retirar el queso de la maceración. Para el aliño, mezclar vinagre y 60 ml de agua con la marinada y rectificar de sal. Aderezar la ensalada con el aliño y repartir el queso por encima. Servir la ensalada espolvoreada de perejil.

Lechuga repolluda con uvas y crema de queso

Tiempo de preparación: 25 minutos

Para 2 personas (aprox., 610 kcal por ración):
1 lechuga repolluda, 2 cogollos de achicoria
100 g de hierba de los canónigos fresca
2 pencas de apio, 150 g de uvas sin pepitas
6 nueces, 2 cucharadas de uvas pasas
60 g de gouda joven
Para la salsa:
80 g de queso azul, 1 cucharada de mayonesa
175 g de leche cuajada de nata, sal de hierbas
Pimienta de Cayena, el zumo de 1 naranja
4 tomates cherry

1. Lavar la lechuga y la hierba de los canónigos: partir la primera en trozos y dejar la segunda entera. Secar ambas en la centrifugadora. Lavar y limpiar las achicorias; luego, partirlas a lo largo en dos mitades, recortarles los tronchos centrales y trocearlas en tiras de unos 2 cm de ancho. Mezclarlas con la lechuga y la hierba de los canónigos y distribuir la mezcla en 2 platos.

2. Lavar y cortar el apio en rodajas. Lavar las uvas y partirlas a la mitad. Picar la mitad de las nueces. Lavar las pasas en agua caliente y escurrirlas. Trocear el queso. Sobre los platos con la ensalada disponer el apio, las uvas, las nueces picadas, las uvas pasas y los trozos de queso.

3. Para el aliño, aplastar el queso azul y, sin parar de revolver, mezclarlo con la mayonesa, la leche cuajada de nata y el zumo de naranja. Sazonar con sal de hierbas y pimienta de Cayena. Aderezar con el aliño. Lavar los tomates y, una vez partidos a la mitad, ponerlos sobre la ensalada con las nueces restantes.

1   Lechuga repolluda con uvas y crema de queso

2   Ensalada mixta con aliño de sidra y queso

3   Ensalada de verduras con queso de cabra

Queso con manzana e hinojo

Tiempo de preparación: 5 minutos

Para 1 persona (aprox., 405 kcal)
80 g de queso duro en un trozo (emental o edam)
1 manzana ácida, 1 bulbo de hinojo pequeño

1. Cortar el queso en trozos apropiados. Lavar y partir la manzana en cuartos, despepitarla y trocearla.

2. Lavar, limpiar y partir el hinojo a la mitad; recortarle el troncho en forma de cuña. Trocear también el hinojo.

3. Servir en un plato y degustar el queso alternando con el sabor de la manzana y el hinojo.

Panecillo con 'cottage cheese' y pepino

Tiempo de preparación: 5 minutos

Para 1 persona (aprox., 260 kcal)
1 pepino pequeño, sal marina
1 taza de cottage cheese, 1 panecillo integral

1. Pelar el pepino y cortarlo en rodajas de 1 cm de ancho. Disponerlas en un plato y sazonarlas con sal.

2. Acompañar al lado el cottage cheese en forma de bolas y servir con el panecillo integral.

Bocadillo de jamón y queso

Tiempo de preparación: 5 minutos

Para 2 personas (aprox., 220 kcal por ración):
2 rebanadas de pan integral
2 cucharaditas de queso fresco a las hierbas
2 hojas de lechuga, 30 g de emental
1 tomate pequeño, 2 lonchas de jamón
2 cucharadas de perejil picado

1. Distribuir el queso sobre el pan. Lavar la lechuga, secarla y disponerla sobre el pan.

2. Repartir el queso sobre la ensalada. Lavar los tomates, cortarlos en rodajas y disponer éstas de forma solapada sobre el queso. Colocar encima el jamón y espolvorear de perejil.

3. Tapar el conjunto con la segunda rebanada de pan y presentar el bocadillo partido a la mitad.

Bocadillo de queso con sésamo

Tiempo de preparación: 15 minutos

Para 2 personas (aprox., 220 kcal por ración):
1 cucharadita de semillas de sésamo
2 rebanadas de pan integral
2 cucharaditas de mantequilla
80 g de camembert (60% de materia grasa)
Unas hojitas de perifollo

1. Tostar las semillas de sésamo y dejar que se enfríen. Untar el pan con mantequilla y distribuir por encima las semillas de sésamo.

2. Cortar el camembert en lonchas y colocarlas sobre el pan. Adornar con las hojitas de perifollo.

Tostada de queso con zanahoria

Tiempo de preparación: 15 minutos

Para 2 personas (aprox., 215 kcal por ración):
1 zanahoria, 1 cucharada de brotes de girasol
2 tostadas de pan integral
2 cucharaditas de mantequilla
2 lonchas de queso wörishofen (60% de materia grasa)

1. Limpiar, pelar y rallar la zanahoria. Calentar el grill a intensidad máxima.

2. Untar las tostadas con mantequilla y poner por encima la zanahoria rallada y los brotes de girasol. Recubrir cada tostada con una loncha de queso y gratinar ambas 5 minutos bajo el grill, hasta que el queso se funda.

Bocadillo de queso y plátano

Tiempo de preparación: 5 minutos

Para 2 personas (aprox., 270 kcal por ración):
60 g de cambozola, 1 plátano
1 1/2 cucharadas de nata agria
2 rebanadas de pan integral, 4 medias nueces

1. Aplastar el queso con un tenedor y mezclarlo con la nata agria.

2. Untar el pan con la crema de queso. Pelar el plátano y cortarlo en rodajas; extender éstas sobre el pan. Adornar con las medias nueces.

1 Tacos de queso con manzana e hinojo

2 Bocadillo de jamón y queso

3 Tostada de queso con zanahoria